インド・シフト

India Shift

世界のトップ企業はなぜ、「バンガロール」に拠点を置くのか？

武鑓行雄
Yukio Takeyari

PHP

ソニー・インディア・ソフトウェア・センターが入居するバンガロールのエンバシー・テックビレッジ

アマゾンなどが入居しているバンガロールのワールド・トレード・センター

バンガロールにあるインド第2位のITサービス企業・インフォシスのヘッドオフィス。広大なキャンパスでは約2万人もの従業員が日々働いており、ゲストはゴルフカートで敷地内を案内してもらえる。

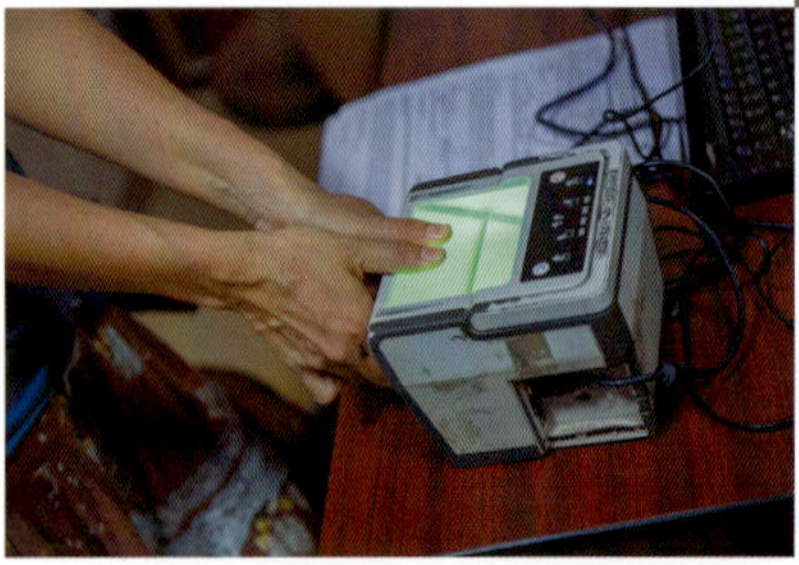

インドに住む13億人に12ケタのID番号を割り当てるインド版マイナンバー「アーダール(Aadhaar)」は、登録開始からわずか5年半で加入者が10億人を突破(2018年1月末時点では約12億人にまで増加)。10本の手の指紋と目の虹彩の情報を登録することで、カードや暗証番号なしに個人認証ができる。
写真:Marco Saroldi / Shutterstock.com

■ バンガロールとは？

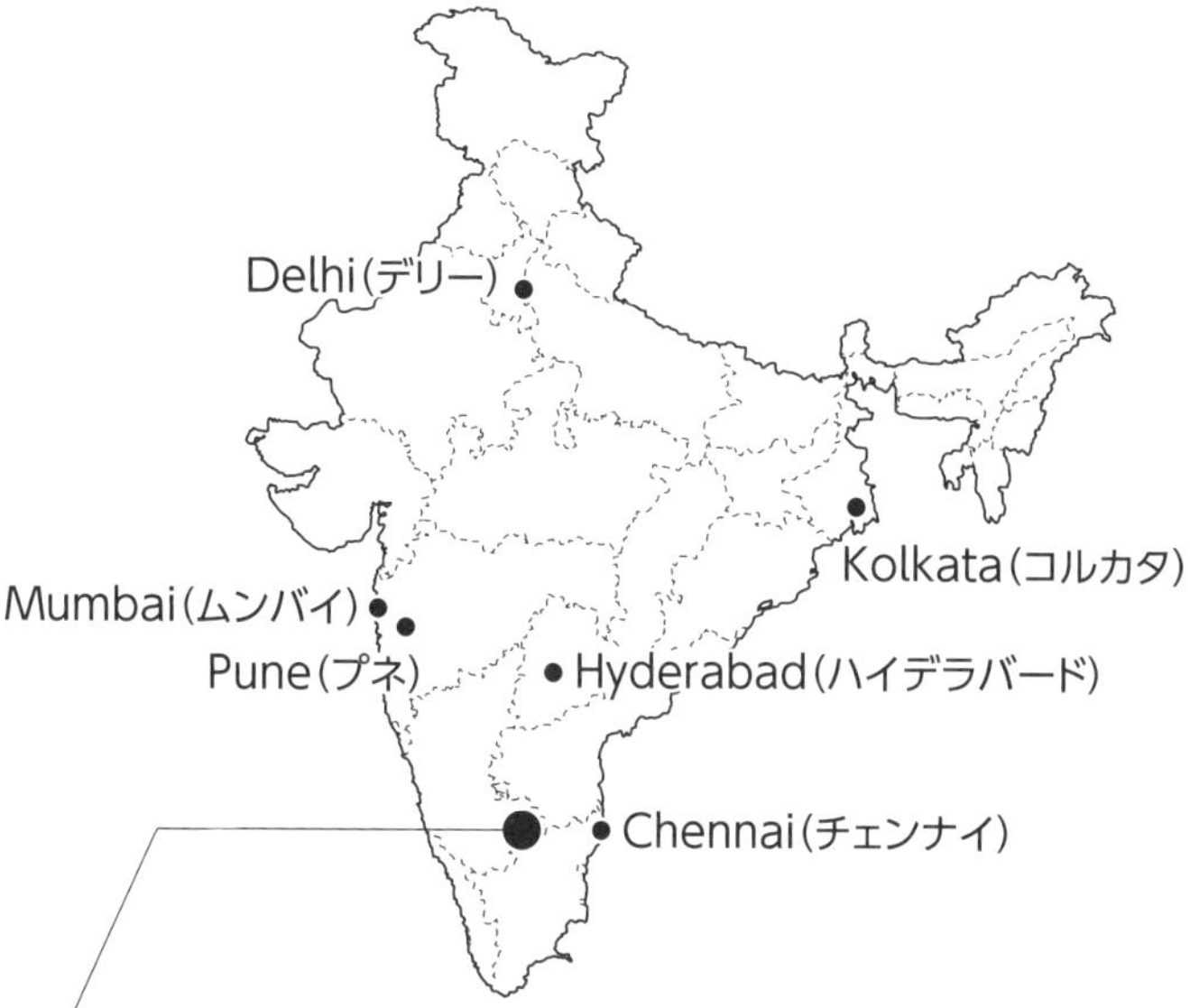

Bangalore（バンガロール）

- インド南部にあるカルナータカ州の州都。市域人口は約850万人（2011年国勢調査。2018年時点では1,000万人を超えていると推測される）で、ムンバイ、デリーに次いでインド第3位。

- 1990年代からインドのIT産業の中心地として発展。近年は世界のIT産業をリードする一大拠点に成長し、**「インドのシリコンバレー」**と呼ばれるように。

- 「デジタル・シティ指標」（イギリスの経済誌『ザ・エコノミスト』の調査部門が、2017年6、7月に世界45都市の企業経営幹部2,620人を対象に実施した調査に基づく）が、**シリコンバレーのあるサンフランシスコ（2位）をおさえて世界第1位に。**

■ バンガロールに開発拠点を持つ主なグローバル企業

ソフトウェア、インターネット、IT機器

マイクロソフト、グーグル、アマゾン、オラクル、SAP、アドビシステムズ、HP、Dell、EMC、ネットアップ、アカマイ、イーベイ、インチュイット、ケイデンス、シノプシス、シトリックス・システムズ、ブイエムウェア、ベリサイン、マカフィー、リンクトイン

ITサービス、コンサルタント

IBM、アクセンチュア、コグニサント、キャップジェミニ、NTTデータ

半導体

テキサス・インスツルメンツ、インテル、クアルコム、AMD、エヌビディア、アーム、STマイクロ、ブロードコム

通信・ネットワーク機器、通信事業者

シスコシステムズ、ジュニパーネットワークス、ノキア、エリクソン、ファーウェイ、アバイア、AT&T、ブリティシュ・テレコム

電機、自動車、産業機械

ソニー、東芝、フィリップス、サムスン、LG、ボッシュ、メルセデス・ベンツ、ハネウェル、GE、シーメンス、ボーイング、エアバス、ロールス・ロイス

小　売

ウォルマート、ターゲット、テスコ、ビクトリアズ・シークレット、ロウズ

金　融

ゴールドマン・サックス、モルガン・スタンレー、JPモルガン・チェース、フィデリティ、ウェルズ・ファーゴ、オーストラリア・ニュージーランド銀行、ビザ、CMEグループ

その他

3M、エクソン・モービル、カーギル

※このリストは、バンガロールに開発拠点を持つグローバル企業の一部を紹介している。多くは1,000人以上の規模を持ち、ITサービス、コンサルタントでは数万人以上の規模である。

はじめに――世界をリードするインドＩＴ業界とイノベーションの新潮流

「人口一三億人の巨大マーケットであるインド市場に、日本企業はもっと進出せよ、ということだな」

「インド・シフト」というタイトルを見て、そう早合点した読者もいるかもしれない。確かに、インドは新興国の中でも経済がとくに好調で、今後も人口増加と経済成長が見込まれる要注目のマーケットだ。

しかし、本書で述べたいのはそういうことではない。

「インドにグローバル戦略拠点や研究開発拠点を置き、社内のトップ人材や資金といったリソースを徹底的に投入する。そして、インドの高度ＩＴ人材とともに、インドから世界的イノベーションを生み出していくこと」

これが本書で言う「インド・シフト」である。

「なぜインドで？」と意外に思ったかもしれないが、ここ数年、世界のトップ企業は軒並みこのシフトを進めている。しかもその勢いは増すばかりだ。

こうした背景には、インドIT業界の急成長と激変がある。

ご存じの方も多いと思うが、インドIT業界はもともとアメリカ企業のシステム開発の下流工程を低価格で手がける「オフショア拠点」として発達した。しかし近年は急速に力をつけ、下流工程だけでなく上流工程まで手がけるようになり、今や世界を相手に一五四〇億ドル（約一七兆円）のビジネスを展開するまでに成長した。大手インドITサービス企業は巨大化し、グローバル企業のインド開発拠点は増え続け、インド発のスタートアップ企業も急増している。

さらに、ビッグデータ、AI、IoT、ブロックチェーンといった破壊的とも言われる新技術の登場がその成長を加速させている。シリコンバレー企業とともに動き、しかも若年の高度IT人材の数がケタ違いに多いインドIT業界は、こうした新技術へのキャッチアップが圧倒的に早いからだ。そのIT技術力はシリコンバレーにも迫ろうとしている。

そして、こうした激変の中心地が、南インドの都市、〝インドのシリコンバレー〟と呼ばれる「バンガロール」なのだ。

私は二〇〇八年十月から、バンガロールにあるソニー株式会社のソフトウェア開発拠点

（ソニー・インディア・ソフトウェア・センター）に責任者として着任し、二〇一五年末までの約七年間滞在した。着任当時、リーマンショックの直後であり、世界的に不透明感が漂っていた。ましてインドがどうなるのか、私が関係するインドＩＴ業界にどんな影響があるのかはまったく想像もできなかった。しかし、インドＩＴ業界はリーマンショックを乗り越え、成長を継続し、ここ数年は先述したようにさらなる劇的な変化を遂げている。

バンガロールの生活も一変した。当初、ＩＴ業界の人たちはノキアの携帯電話かブラックベリーを持っていた。それがあっという間に一般の人々の間にまで低価格アンドロイド搭載スマートフォンが普及し、スマートフォン一台で簡単に物が買えたり車を呼べたりするようになった。さらに最近ではキャッシュレス化が始まり、近所のローカルなお店でもスマートフォンで支払いができるようになった。

キャッシュレス革命の進むスピードは日本の比ではない。それは、日本のようにＡＴＭが整備されていないからこそ、である。このように、一三億人の巨大マーケットでは、社会インフラの未整備を逆手《さかて》にとった様々なイノベーションが続々と生まれている。

社会インフラの整ったシリコンバレーや先進国からこうしたイノベーションを生み出すことは難しい。一方、インドで生まれたイノベーションは、その他の新興国にも広がる可能性を十分に秘めている。

日本では、こうした激変するインド、ましてインドＩＴ業界のことはほとんど知られていない。日本企業はインド市場でのビジネスには興味があっても、インドＩＴ業界に関しては、低価格なオフショア先という程度の認識しかない。ＩＴと言えば、アメリカのシリコンバレーには注目しているが、インドにはまったく興味を持っていない。

一方、シリコンバレーのＩＴ企業をはじめとする世界のトップ企業はもちろん、中国、韓国企業もバンガロールに開発拠点を設置し、規模を拡大してグローバル戦略の拠点としての活用を加速している。社内のキー人材を送り込み、他社よりも早くインドから世界的イノベーションを生み出そうと必死で戦っている。つまり、冒頭で述べた「インド・シフト」を真剣に進めているのだ。

バンガロールにいて、ＩＴ業界の人たちと日々の交流をしていれば、自ずと世界最先端のＩＴトレンドが見えてくる。

たとえば、私がバンガロールに着任した当時は、アンドロイド搭載のスマートフォンが登場し始めたばかりだった。しかし、バンガロールにいると、すぐにアンドロイドが主流になることがわかった。あちこちでアンドロイド関連の開発が行われていたからだ。

また日本では二〇一七年あたりから、仮想通貨の基礎技術であるブロックチェーンが注目されるようになったが、バンガロールでは数年前からすでにいくつものプロジェクトが立ち上がっていた。最先端のＩＴトレンドはシリコンバレーとバンガロールの双方でほぼ同時に共有され、そこから日本を含む先進国に伝わる、という時代になっているのだ。

ＩＴの技術革新が急速に進む中、あらゆる業界はＩＴとは無縁ではいられなくなっている。いや、ＩＴを中心とした会社に変えていかなければ生き残れない時代になりつつあると言ったほうがいい。日本企業及び日本は、この問題に戦略的に動けているのであろうか？私にはそうではないように思えて仕方がない。少なくとも世界とインドＩＴ業界の連携の動きにはまったく気がついていない。

インドには、日本では感じられないエネルギーやエキサイトメントがみなぎり、想像以上のスピードで変化している。世界では急速な技術革新と、先進国から新興国へのビジネス・シフトが、まさに同時に起きようとしている。その中で「新興国にもかかわらず、ＩＴ先進国」という稀有《けう》な国であるインドでは、過去に例を見ないイノベーションが起き始めている。いや、起こそうとしている。

本書を通じて、インドＩＴ業界への興味や理解が高まり、日本企業のＩＴ戦略、イノベーション戦略を決定するうえで参考になることを願っている。

インド・シフト——世界のトップ企業はなぜ、「バンガロール」に拠点を置くのか？——●目次

第1章　なぜ世界のトップ企業は「バンガロール」に拠点を置くのか

第2章 インドのシリコンバレー、バンガロール

第3章 激変するインドＩＴ業界

第4章 インドのスタートアップ

第5章 グローバル人材輩出国インド

第6章 インド発・世界的イノベーションの可能性

第7章　ＩＴ分野での日印連携に向けて

第1章

なぜ世界のトップ企業は「バンガロール」に拠点を置くのか

世界のIT業界をリードする著名企業が大集結

まず、バンガロールに大規模な戦略開発拠点を構える著名IT企業を、いくつかご紹介しよう。

ソフトウェア・インターネット・IT機器分野で言えば、マイクロソフト、グーグル、アマゾン、オラクル、SAP、アドビシステムズ、HP、Dell、EMC、ネットアップなど。ITサービス・コンサルタント分野では、IBM、アクセンチュア、キャップジェミニなど。半導体ではテキサス・インスツルメンツ、インテル、クアルコム、AMD、エヌビディア、アームなど。通信・ネットワーク機器ではシスコシステムズ、ジュニパーネットワークス、ノキア、エリクソン、ファーウェイ……。

実に、そうそうたるメンバーではないだろうか。進出していない著名IT企業を探すほうが難しい。

顔ぶれも豪華だが、驚くのは、その多くが本国以外では最大規模の開発拠点を構えていることだ。数千人のスタッフがいるのは当たり前で、IBMやアクセンチュアなどはインド全体で一〇万人を超えるスタッフを擁するほどだ。

「インダストリー4・0」を進めるドイツのメルケル首相も訪問

バンガロールに大規模な拠点を持つのは、以上で挙げたようなIT企業だけではない。他の業種の企業も、数千人規模の拠点を構えている。

たとえば、電機・産業機械ではフィリップス、GE、シーメンス、サムスン、LGなど。私が勤めていたソニーの拠点もある。

自動車関連ではメルセデス・ベンツや世界トップの自動車部品メーカー・ボッシュ、自動車だけでなく航空宇宙や石油プラントなども手がけるハネウェル。

小売では、世界最大のスーパーマーケット・チェーンであるウォルマートや、全米第二位のディスカウントストアのターゲット、イギリスでナンバーワンのテスコなどの開発拠点が設置されている。ターゲットに至っては、インドに店舗が一店舗もないにもかかわらず、バンガロールの開発拠点を本拠地であるアメリカ・ミネアポリスに次ぐ第二のヘッドクォーターと位置づけ、重要視している。

バンガロールを重要視しているのは、世界的な企業だけではない。各国の政府も注目し、要人がかわるがわる訪問している。二〇一五年の十月には、ドイツのメルケル首相がバンガロールを訪れ、インドのモディ首相とともに講演会が開催された。ドイツでは、ＩＴを駆使して製造業を革新するプロジェクト「インダストリー４・０」が政府主導で進められており、今回の訪問も、そのプロジェクトにバンガロールを中心としたインドＩＴ業界を巻き込もうという狙いがあったようだ。

なぜ、欧米やアジアのトップ企業は、バンガロールに重要な拠点を置くのか。一体、バンガロールに何があるというのか。詳しくは次章以降でじっくり述べていくが、まずは全体像をつかんでいただくために、今起きている出来事を、駆け足でご紹介するとしよう。

アメリカのスーパーでの購買行動はバンガロールで分析されている！

世界でも最大のスーパーマーケット・チェーンのウォルマートや、全米第二位のディスカウントストアのターゲットのバンガロール・オフィスでは、デジタル時代の最先端の業務がなされている。

それは、ビッグデータの解析。具体的に言えば、アメリカのスーパーを訪れた客の購買行動分析、最低価格を実現するための価格分析、流通の最適化など様々である。もちろん、最新のAI技術も積極的に活用されているようだ。

「どんな商品を一緒に購入する傾向があるか？」「親子連れの購買行動の特徴とは？」「入店後、どのような動線をたどるのか？」……。そういったアメリカ人の日常的な買い物のさまが、遠く離れたバンガロールで分析されているのである。

ビッグデータの解析はウォルマートやターゲットのオフィスだけで行われているわけではない。バンガロールに拠点を置く各社で、業種を問わず盛んに行われている。

これを聞いて、意外に思われる方もいるだろう。そもそも、バンガロールは、一九九〇年代からインドのIT産業の中心地として発展してきたが、世界的に脚光を浴びるようになったのは、オフショア開発拠点としての側面だ。

オフショア開発とは、システム開発や運用管理などの一部の工程を、海外の企業に委託することである。主に実装（コーディング）やテストなどの、いわゆる〝下流工程〟を委託する場合が多い。これらの作業は手間がかかるため、人件費の高い国で行うと、コストが膨大になる。そこで、コスト削減のために、人件費の安い国の企業に発注されるわけだ。

バンガロールは、とくにシリコンバレーのIT企業に重宝された。インド人は英語ができるため、アメリカ人との意思の疎通が図りやすい、シリコンバレーと十三時間半の時差があるため、「アメリカの夜中に、インドで作業をしてもらうことで、翌朝には成果物が仕上がってくる」というような活用法ができたからだ。技術力が上がるにつれ、アメリカだけでなく、ヨーロッパのIT企業でも盛んに活用されるようになった。

もっとも、現在のバンガロールは、下流工程を請け負う、オフショア開発拠点としてだけの場所ではなくなっている。最先端のテクノロジーを用いた研究開発のような〝上流工程〟を行う戦略開発拠点へと脱皮しつつあるのだ。

二〇二〇年、バンガロールがシリコンバレーを抜く日

バンガロールで最先端の研究開発がなされている理由の一つは、新しい分野の専門家が育てやすいことである。

たとえば、ビッグデータの解析は歴史の浅い分野であるため、データ解析の専門家であるデータサイエンティストは世界を見渡しても少ないが、インドは最先端のITを理解し、モチベーションも高い若手の高度IT人材がケタ違いにいる。毎年輩出される理工系学部の卒業生は約一〇〇万人おり、その中から、二〇万人がIT業界に採用されている状況だ。

バンガロールにはIT技術者が一〇〇万人以上いて、このままの増加ペースでいけば、二〇二〇年には二〇〇万人を突破し、技術者の規模だけで言えば、シリコンバレーを抜いて、世界最大のIT拠点となる見込みだ。

「インド人がいくら優秀と言っても、それは一部の人の話でしょ」と勘違いしている日本人がいまだに多いが、高度IT人材の層の厚さもレベルも、日本をはるかに上回っている。

さらに、こうした高度IT人材を安く雇えるため、彼らを一気に雇って、まとめてデータサイエンティストとして育てることが可能だ。また、インド人は英語ができるため、英語で書かれることが多い最新の論文などを難なく読みこなすことができる。だから、すぐに新しい技術にキャッチアップしてしまうのである。

世界最先端の研究開発は、外国企業の拠点だけでなく、現地インドのITサービス企業のオフィスでも行われている。彼らは、欧米企業から長年オフショア開発を請け負うことで、技術とノウハウを蓄積している。その結果、今では欧米のIT企業に勝るとも劣らない実力を持つようになった。新しいテクノロジーにもついていける人材には事欠かない。

このようなメリットがあることから、外国企業は、バンガロールの自社拠点や現地のITサービス企業を活用して、時代の一歩先をゆく研究開発を行っているのである。

バンガロールにいれば、次のITトレンドがいち早くわかる

最先端の研究開発が盛んに行われるようになったことで、バンガロールでは、シリコンバレーに身を置いたときと同じことができるようになった。それは、今後の世の中に、どのようなITトレンドが訪れるのかをいち早く感じ取れるということだ。

たとえば、今やスマートフォンのOSはアンドロイドが主流になっているのは言うまでもないが、私がバンガロールに着任した二〇〇八年当時は、アンドロイド搭載のスマートフォンが登場し始めていたものの、アンドロイドがどの程度のシェアを占めるかは未知数だった。

しかし、バンガロールでは、すぐにアンドロイドが覇権を握ることが見えていた。なぜなら、至るところで、アンドロイド関連の開発が始まっていたからだ。情報管理が厳しくなった今でも、どの会社が何をやっているかという情報は、自然と漏れ伝わってくるものである。

少し前からは、ビッグデータの解析のほか、仮想通貨・ビットコインの基礎技術であるブロックチェーンの開発を、各社が行っているという噂を耳にしていた。ビッグデータはもち

ろんのこと、ブロックチェーンもまた盛り上がりを見せてきているのは、周知のとおりだ。

このように、バンガロールに身を置けば、トレンドがつかめるようになったことで、技術やサービスなどのITトレンドの広がり方に変化が起こっている。かつては、シリコンバレーで生まれたトレンドがヨーロッパや日本などの先進国に伝わり、最後にインドなどの新興国に伝わる、といった流れだったのが、今では、シリコンバレーとバンガロールの双方で、最先端のITトレンドがほぼ同時に共有されるようになり、そこから先進国に伝わるという逆転現象が起きているのだ。


言うまでもなく、今やITのイノベーションは、ITの世界だけの話ではとどまらない。たとえばスマートフォンはあらゆるビジネスを変えてしまった。今後も、情報家電のみならずすべての身の回りのものがインターネットに接続されるIoT、膨大なビッグデータを元に人々の行動を分析するデータサイエンス、ブロックチェーンを筆頭に金融とITを融合して一歩先のサービスを実現するフィンテック、そしてコンピュータがあらゆることを判断するAIなどは、我々の暮らしやビジネスに大きな影響を与えるであろう。

それらの技術において、すべて世界最先端をいっているのがシリコンバレー、そしてバンガロールなのである。このどちらかの都市の動きをつぶさに観察していれば、世界の行く末が見えてくると言っても過言ではない。

世界第二位のスタートアップ大国になるのは確実

世界のトップ企業の大規模拠点や、インドの巨大ITサービス企業のオフィスが活気づく一方で、大手に負けないほどのバイタリティをみなぎらせているのが、バンガロールで生まれ育った、新進気鋭のスタートアップである。

インドではスタートアップブームが起きており、スタートアップ企業の数は二〇一六年の時点で四七〇〇〜四九〇〇社で、アメリカ、イギリスに次ぐ、世界三位にまで増えている。二〇一〇年の時点では四八〇〇社ほどであり、そこから六年間で、約一〇倍に膨れ上がったわけだ。近いうちに、アメリカに次ぐ、世界第二位のスタートアップ大国になるのは間違いない。

スタートアップが増えた背景には、起業家たちを支えるエコシステムが整備されたことがある。アクセル・パートナーズやセコイア・キャピタルといったアメリカの有名なベンチャーキャピタルがバンガロールに拠点を持っている一方で、インド国内でITサービス企業を起業し成功を遂げた経営者たちも引退後、エンジェル投資家としてフレッシュな起業家に投資をしている。

グローバル企業も、インドのスタートアップを自社のイノベーション戦略に活用するために、アクセラレーター・プログラムと銘打って様々な支援活動を行っており、スタートアップの成長に一役買っている。

「未来のグーグル」「未来のアマゾン」がインドから生まれる可能性も

そうした結果、恐ろしいスピードで成長するスタートアップも生まれている。たとえば、二〇〇七年に創業したフリップカートは、今やインドのeコマース最大手へと成長し、時価総額は一・四兆円にも達した。

また、二〇〇四年に創業したミューシグマは、ビッグデータ分析を専門に手がける企業としては世界最大の企業に成長している。

二〇〇七年に創業したインモビも、モバイル向けの広告を配信するアド・ネットワークの企業として大躍進を遂げ、今や独立系としては、世界最大のアド・ネットワーク企業にまで上り詰めている。

そのほかにも、短期間で成長したスタートアップは、枚挙にいとまがない。彼らの中から、「未来のグーグル」や「未来のアマゾン」が出る可能性は決してゼロではないだろう。

創業から十年足らずで巨大企業に成長したスタートアップがある一方で、将来性が買われ、大きくなる前に、有名企業に買収されたスタートアップも数多く存在する。

たとえば、ウェブサイトのスパム防止事業を手がけるインペリミウムは起業から三年でグーグルに九〇〇万ドルで買収され、モバイルアプリの最適化ツールを制作するリトルアイラボも起業からわずか一年でフェイスブックに一五〇〇万ドルで買収された。オンラインドキュメントソフトを制作するブックパッドも、起業から一年でヤフーに一五〇〇万ドルで買収されている。

このように、アメリカの大手IT企業は、自社の強みを磨いたり、弱点を強化したりするために、バンガロールで有望なスタートアップを探し出し、積極的に買収している。

日本では、イギリスの半導体設計大手・アームの買収で話題を呼んだソフトバンクの孫正義社長が、インドのスタートアップ投資に積極的だ。二〇一四年に今後十年間で約一兆円をインドに投資すると発表したが、すでに二〇一一〜二〇一二年にはインモビに二億ドルを出資しており、二〇一四年にもeコマースのスナップディールに六億二七〇〇万ドルの出資をしている。

二〇一六年には「今後、インドへの投資を真剣に加速させる」とも述べた。そして二〇一七年には、モバイル決済サービス「ペイティーエム（Paytm）」を展開するワン97コミュニケーションズに一四億ドル、前出のフリップカートに二五億ドルの投資を行った。

のちに超巨大企業に成長したヤフーやアリババなどにいち早く目をつけて成功してきた孫社長も、インドのスタートアップを有望視している。

バンガロールは、磨けば光る原石のスタートアップを発掘する場所としても、注目されているのである。

世界のトップに君臨するインド人CEOたち

二〇一五年九月二十六日、マイクロソフトのサティア・ナデラCEO、グーグルのスンダー・ピチャイCEO、アドビシステムズのシャンタヌ・ナラヤンCEOらが、シリコンバレーのイベントに登壇し、緊張した面持《おもも》ちで、あるゲストを出迎えた。

そのゲストとは、インドのモディ首相である。モディ首相の就任後の初の訪米を機会に開催された「Digital India and Digital Technology」というイベントだった。このイベントには、シスコのジョン・チェンバース会長、半導体大手のクアルコムのポール・ジェイコブス会長も出席し、シリコンバレーを訪問したモディ首相を歓迎した。

多忙な時間の合間を縫って、マイクロソフトとグーグルという世界的なライバル企業のCEOが集った理由はもう一つある。それは、彼らがインド人であることだ。

サティア・ナデラCEOとスンダー・ピチャイCEO、それにアドビシステムズのシャンタヌ・ナラヤンCEOを含めた三人は、皆、インド生まれのインド育ちであり、インド国内の大学で学んだ後、アメリカに渡ってアメリカ企業のトップにまで上り詰めたのである。

これは、世界的なIT企業のトップについたごく少数のインド人を探し出して、クローズアップしたわけではない。アメリカの大手IT企業の経営陣を見てみると、一人や二人は、インド人を見つけることができるのだ。

グーグルなどは、以前から経営幹部にインド人が多い。また最近では、ノキア、ネットアップのCEOや、オラクルのプレジデントにもインド人が就任している。その下のミドルマネージャークラスに関しては、インド人がいない企業を探すほうが難しいくらいだ。

ビジネススクールの学長クラスにも、インド人が多い。一例を挙げれば、ハーバード・ビ

■ インド人がトップを務める著名企業&学校例

企業名	トップ名
マイクロソフト	サティア・ナデラ CEO
グーグル	スンダー・ピチャイ CEO
ノキア	ラジーブ・スリ CEO
アドビシステムズ	シャンタヌ・ナラヤン CEO
ハーバード・ビジネススクール	ニティン・ノーリア 学長

いずれもインド生まれのインド育ち。インド国内の大学で学んだ後、海外へ。

ジネススクールやシカゴ大学のブースビジネススクールの学長である。また、MIT（マサチューセッツ工科大学）とカリフォルニア大学バークレー校の工学部長はインド人だ。

異国の地で要職に就いた人材の多さは、インド人の優秀さの一つの証明と言えよう。

優秀な人材が多い理由の一つに、IIT（インド工科大学）を筆頭とした教育機関の充実ぶりが挙げられる。IITの入学試験は、世界三大難関試験の一つとされており、入学後も、競争率一〇〇倍の難関をくぐり抜けた秀才たちが切磋琢磨し合って、己の実力を高めている。

こうしたスーパーエリートたちを獲得しようと、今では、インド企業のみならず、世界中の企業が、争奪戦を繰り広げている。新卒一年目の新入社員に対して、アメリカなどの本社採用では、年収一〇万ドル（約一一〇〇万円）から二〇万ドルを提示する企業も次々と出てきている。

シリコンバレーには絶対できない「リバース・イノベーション」への期待

ここまでの話を総合すると、バンガロールは「ミニシリコンバレー」といった印象を受けるかもしれないが、バンガロールやインドには、シリコンバレーにはない強みがある。それは、「新興国ならではのイノベーションが生まれる」ことだ。

たとえば、インドは、「リバース・イノベーション」の拠点としても脚光を浴びている。リバース・イノベーションとは、ダートマス大学のビジャイ・ゴビンダラジャン教授による造語で、新興国で生まれたイノベーションが先進国に還流していくということを指している。従来、イノベーションは、先進国で生まれて、新興国へと伝わっていくのが常とされていたが、この指摘によって、新たなイノベーションの形が証明された。

インドは、ＩＴ先進国として成長する一方、貧困や環境汚染などの社会問題が山積している国だ。それを解決しようにも、インフラが未整備だったり、資源が足りなかったり、価値観の違う人が多く合意形成がしにくかったり、と課題解決をするにあたり制約となる要素がたくさんある。

しかし、その「制約の多さ」こそが、リバース・イノベーションの鍵となる。制約が多いと、通りいっぺんの解決策では通用しないので、自然とドラスティックな改善策を考えざるを得なくなるのである。その結果、今までの常識をくつがえすような商品やサービスが飛び出してくるというわけだ。

たとえば、ＧＥヘルスケアが生み出した「携帯型の心電図計」は、インドで生まれた代表的なリバース・イノベーションの商品だ。かつては、病院に据え置くタイプの高性能な心電図計しかなかったが、インドの「電気の通っていない農村部でも測れる心電図計が欲しい」というニーズに応え、商品設計を一からやり直した。

そして、付いているのが当然とされていたモニターを取っ払い、いくつかのボタンだけで操作できるほどのシンプルな設計をしたことで、インドのニーズに応えることに成功。さらには、先進国でも「携帯できるような心電図計が欲しかった」と支持され、今や、売上の半分を欧米が占めるほど、先進国で広まったのである。

五年半で加入者が一〇億人を突破した「インド版マイナンバー」

また、「リープフロッグ型発展」も、次々と起きている。従来、技術とは一段階ずつ進歩していくものだが、いくつかの段階を飛ばして一気に進化する現象を、リープフロッグ型発展と言う。

たとえば、先進国では固定電話が普及してから携帯電話が普及するという順序をたどってきたが、新興国では固定電話が未整備ながら、携帯電話は成人人口の七〇～八〇％に普及しているという現象が起きている。既存のインフラが中途半端にないからこそ、新しいテクノロジーを大胆に取り入れやすいのだ。

このような現象が世界で最も起きているのが、インドだ。

その代表と言えるのが、アーダール（Aadhaar）だ。これは、インドに住む一三億人に、一二ケタのＩＤ番号を割り当てる、「インド版マイナンバー」と言えるプロジェクトだ。二〇一〇年九月からＩＤ番号の発行を開始し、二〇一六年四月時点でその加入者数はついに一〇億人を突破した。

インドは、戸籍が整備されておらず、個人を証明する手立てがなかったため、公共サービスが受けられず、銀行で口座を開けない人が大勢いた。そうした状況を改善するために、二〇〇九年からこのプロジェクトが始まったわけだが、注目すべきなのは、個人認証の方法が世界最先端であることだ。一〇本の手の指紋と、目の虹彩《こうさい》の情報を登録することで、カードや暗証番号なしに、個人認証ができる。数年前まで極めて遅れていた個人認証の環境が、世界トップクラスの環境に変わってしまった。

また、インドの選挙では「電子投票システム」が用いられている。日本のように、紙に候補者名を書いて投票箱に投票するといったアナログな方法ではなく、ボタンを押すだけで投票できるシステムだ。これが導入された背景には、インドの識字率の低さや、投票箱を盗まれるといった選挙妨害が多発することがあるが、これもまた、一気に、世界の先端に上り詰めてしまった。

企業から見れば、このような意欲的な取り組みに参画し、成功させることができれば、他の国への展開で新たなビジネスチャンスも生まれる。企業にとって、そのインパクトは計り知れない。

インドで勝てれば、世界中どこでも勝てる

マイクロソフト・インドのチェアマンであったラヴィ・ヴェンカテサン氏（Ravi Venkatesan）が、『Conquering the Chaos：Win in India, Win Everywhere（混沌を克服せよ：インドで勝てれば、世界中どこでも勝てる）』という本を出している。副題通り、インドのマーケットで受け入れられれば、どこの国でも勝てるというのが、彼の主張だ。もし、インドでイノベーティブな製品やサービスを生み出すことができれば、世界市場を攻略できるほどの大きなチャンスをつかむことができるというわけだ。

このチャンスをつかむべく、インド市場を攻略するための拠点をバンガロールに置いている企業もたくさんある。

加えて、近年は、二〇一四年にモディ首相が掲げた「Make in India（インドで作ろう）」構想によって、製造業の発展をサポートする施策が次々と打たれたことで、インドの製造業のレベルは上がりつつある。

さらに、ｉＰｈｏｎｅの組み立てを手がける世界屈指のＥＭＳ（電子機器の受託製造サー

ビス）であり、シャープ買収でも話題を呼んだ台湾のフォックスコン（鴻海精密工業）が、インドに生産拠点を設立した。郭台銘（テリー・ゴウ）董事長は、「二〇二〇年までにインドに一〇〜一二工場を建設し、一〇〇万人を雇用する」と明言している。これは、最大の生産拠点を置く中国で雇用している人数に匹敵する数だ。

研究開発から製造までインドで、という時代が来るのも、そう遠い話ではないかもしれない。

インドとどう向き合うかで、日本企業の未来は決まる

以上で、バンガロールやインドで起きていることを、ざっとご紹介してきた。

「前途有望な国はインドだけではない。ベトナムやミャンマーに拠点を構えるのも、一つの選択肢ではないか」「地理的な面から言って、インドは遠すぎる。中途半端に手を出すよりは、隣の中国との関係を強化すべきではないか」と、インドをほかの新興国と同列に語る人がいるが、それはまったくの誤りだ。

シリコンバレーに匹敵するほどの技術力、圧倒的な数の高度ＩＴ人材、次々と誕生するスタートアップ、新興国発の世界的イノベーションが生まれる可能性の高さ、爆発的に成長す

るマーケットといった面において、インドは唯一無二の国なのである。

そうした状況に、欧米をはじめとした先進国や中国・韓国のトップ企業は、いち早く気づき、すでに何年も前から、大規模な研究開発拠点をバンガロールに置き、さらに今後はインドこそが主戦場と考え、社内のトップ人材や資金といったリソースをそこに投入し、本気で勝負しに行っている。


ところが、日本企業はというと、巨大な「マーケット」という視点でインドに注目する企業はあっても、世界的なイノベーションが生まれる研究開発拠点として注目している企業はほとんどない。私が、バンガロールやインドについて語ることで初めて、世界を揺るがす劇的な変化が起きていることに気づくという人が圧倒的だ。

多くの日本のトップ企業は、ＩＴの世界で言えばシリコンバレーばかりを意識している。しかし、そのシリコンバレーの企業はバンガロールやインドのほうを向いているのである。

この動きに日本企業にもっと気がついてもらいたい。このまま、日本企業だけが流れに乗り遅れてしまえば、その差は知らぬ間にどんどん開いていき、気がつけば、挽回不可能なほどの差がついてしまいかねないからだ。

そこで、一人でも多くの人に、バンガロールの現状を知ってもらい、危機感を共有したいと考え、今回、筆を執った次第である。

本書との出合いを機に、多くの日本企業がバンガロールに戦略開発拠点を置き、グローバル競争に勝ち抜くことができれば、望外の喜びだ。

では、改めてバンガロールへの旅に、あなたを誘《いざな》うことにしよう。

第2章

インドのシリコンバレー、バンガロール

なぜ、バンガロールなのか？

なぜバンガロールが「インドのシリコンバレー」と呼ばれる世界のＩＴ産業の一大拠点に成長したのか。また、なぜ大都市として栄えてきたデリーでもムンバイでもなくバンガロールなのか――。

第２章では、その発展の軌跡を追うとともに、現在どのような状況にあるのかを概説していくことにする。まず、バンガロールの街の様子について紹介する。

人口一〇〇〇万人を超えるインド南部の大都市

バンガロールは、インドの首都であるデリーから南へ空路直行便で二時間半ほどのところにあり、カルナータカ州の州都である。インドは、大きく北インドと南インドに分けられ、二九の州と七つの連邦直轄領がある。カルナータカ州は、南インドにあり、面積でインド第七位、人口では第八位である（二〇一一年国勢調査）。

バンガロール（Bangalore）という名称は、もともとカルナータカ州の地元言語であるカンナダ語のベンガルール（Bengaluru）を、イギリスの植民地時代に英語の発音に置き換えて決められたものだと言われている。近年、植民地時代前の呼び名に戻す動きが活発化し、ボンベイがムンバイに、マドラスがチェンナイに、カルカッタがコルカタというように変えられてきた。

バンガロールも二〇一四年の十一月一日から、「ベンガルールに改名する」旨が、政府から発表された。インドの英字新聞では、すべてベンガルールという表記に変わっているが、「バンガロール」という呼び名が一般的に使われているケースも多いので、本書は「バンガロール」のままでいくことにする。

バンガロールの市域面積は、七四一平方キロメートル。東京二三区が六二七平方キロメートルなので、それよりも少し広い程度である。市域人口は、二〇一一年の国勢調査では約八五〇〇万人で、ムンバイ、デリーに次ぐインド第三位だったが、人口増加率はインド全域でナンバーワンであり、二〇一八年時点では一〇〇〇万人を超えていると推測される。二〇〇一年時点では約五〇〇万人だったので、過去二十年弱で倍増している。

人口が増えている理由の一つは、ＩＴ産業の世界的な拠点としての地位を確立したことで、インド全域からＩＴ技術者やその家族が集まってきているからである。

近代化が進んだ「ガーデン・シティ」

人口の増加とともに、バンガロールの中心部は劇的な発展を続けている。

町の中心にはルイ・ヴィトンやフェラガモなどの高級ブランドショップが軒を連ねる大型複合施設であるUBシティがある。また、巨大ショッピングモールが続々とオープンしている。高級マンションやゲートに囲まれた高級住宅街も増えており、インドで最も外国人が住みやすい街と言われている。インドの伝統的な高級ホテルのほか、シェラトン、マリオット、リッツ・カールトン、シャングリラなどの高級ホテルチェーンも次々と進出しており、先進国からの出張者も比較的快適に過ごせる。

私は二〇〇八年十月に、バンガロールにあるソニーのソフトウェア開発拠点の責任者として着任し、市内の住宅街であるコラマンガラ（Koramangala）のアパートに居を構えたが、ショッピングモールも隣接し、思ったほど不便を感じることなく、生活することができた。

交通面では、バンガロールの空港は、二〇〇八年に国際空港が郊外に新設され、近代的な最新施設の国際空港となった。アジアではシンガポール、タイ、マレーシア、ヨーロッパではロンドン、パリ、フランクフルト、中東ではドバイ、アブダビなどへの直行便が出てい

バンガロールの中心部。高級ブランドショップが軒を連ねる「UBシティ」などのビル群

る。ドバイへは四、五時間であり、モルディブには一時間半、スリランカへは一時間程度で行くことができ、近隣諸国へのバカンスも手軽に楽しめる。ヨーロッパのハブの一つであるフランクフルトへは十時間弱といったところだ。

今のところ、バンガロール—日本間の直行便はなく、シンガポール、タイ、香港などを経由しなくてはならないので、日本との移動は一日がかりだ。

また、バンガロールからアメリカへのルートは西回りのルートが一般的で、シリコンバレーとの往復は、中東やヨーロッパを経由しているケースが多い。そうした中で、もし日本の航空会社がバンガロール—日本間の直行便を新設し、乗り継ぎよくア

バンガロール郊外にあるケンペゴウダ国際空港

メリカのシリコンバレーへとつなぐことができれば、アメリカとインドを行き来するIT技術者の相当数を取り込むことができる。そうすれば、ビジネス的なメリットがあるだけでなく、日本は〝二つのシリコンバレー〟をつなぐハブにもなれる。そういう意味で、私はバンガロール―日本間の直行便を新設することは、戦略的な意味も大きいと考えており、近いうちに実現されることを願っている。

市内に話を戻すと、バンガロールメトロの開発が進められている。二〇一六年四月に東西線が全線開業、二〇一七年六月には南北線も全線開業し、第一期の二路線四二・三キロメートルが全線開業した。交通

バンガロールメトロ

渋滞の解消や、自動車公害の改善が期待されている。このプロジェクトには、日本からの円借款による支援がされており、コンサルタント、車輌、トンネル掘進機では、日本企業のノウハウや技術が採用されている。

気候は、意外と快適だ。インドというと、気温四〇度を超えるような猛暑や寒暖の差が大きいイメージが強いが、これはデリーなどの北部の話である。バンガロールはインド半島の南部のデカン高原にあり、標高九二〇メートル。年間の気温は低いときで一五度、暑いときでも三五度程度。湿気も少なく、植民地時代に避暑地として栄えたこともあり、「インドの軽井沢」とも言える。

私がアパートでエアコンを使用したの

街中に緑が多く、公園も整備されている。また、標高920メートルの高地にあるため1年中過ごしやすく、「インドの軽井沢」とも言える。写真は、市の中心部にあるカボンパーク

は、一年間で特別に暑い五月頃だけだった。真夏に日本に戻ってくると、うだるような暑さに、バンガロールの気候が懐かしく思えたほどだ。

また街中に緑が多く、公園が整備されていることから「ガーデン・シティ（庭園都市）」と呼ばれている。バンガロールに昔から住んでいる人によると、以前はほとんどの道に緑が青々と覆いかぶさっていたそうだ。またインドは、マンゴーの世界最大の生産国で、五月になると、街の至るところでいろいろな種類のマンゴーが売り出され、良い匂いが漂っている。

しかしそうした一方で、過去四十年間に産業の発達、人口増加により、大きな

環境問題を抱えているのも事実だ。森林の伐採が進み、湖の埋め立ても行われた。また、道も整備されないままに自動車が急増したため、交通渋滞はインドのどの都市よりもひどくなっている。その結果、最悪と言われるデリーほどではないにしても、大気汚染も問題となっている。

インドは指定言語が二二もある多言語国家。英語も準公用語

バンガロールのローカルの人たちは、温厚で人懐っこい印象を受ける。インドの先住民族であるドラヴィダ人が多いこと、近隣国との闘争に直接的にさらされることがないこと、他の大都市が古くから観光都市の側面を持っているのに対して、避暑地から新興のビジネス都市へと発展してきたことなどが影響しているのではないかと考える。

バンガロールでの言語は、インドの公用語のヒンドゥー語のほか、カルナータカ州公用語のカンナダ語、準公用語の英語である。インドは指定言語がヒンドゥー語も含めて二二もある多言語国家だが、英語も準公用語であり、都市部であれば問題なく通じる。バンガロールは他地域から流入者も多く、インド人同士でも出身州の言葉では通じないので、英語を使う人が多いようで、他の都市に比べて英語が通じやすい街となっている。

もちろん英語といっても、レベル差は大きく、グローバルに通用するレベルから、片言に近いレベルもある。またインド英語は独特の訛《なま》りや表現があるので、最初は聞き取るのに苦労するが、半年ほどすれば、意外に慣れるものだ。

食に関しては、当然のことながらインド料理店が多い。ひと言でインド料理と言っても料理の種類はとても豊富だ。日本国内のインド料理店は北インド料理が主流なのだが、バンガロールは南インド料理の本場である。インド料理は州、地方によっても異なり、「インドでは一〇〇キロメートル離れると料理が違う」と言われるほど多様性に富む。

バンガロールでは、中華料理、イタリアン、韓国料理、タイ料理など各国の料理店もある。日本料理店も数軒ある。しかし日本食の食材を売っている店はなく、多くの駐在員は、定期的に日本食の食材の買い出しのために飛行機で四時間前後のバンコクやシンガポールに出かけている。

さらにバンガロールにはステーキハウスもある。インドの国民の八割を占めるヒンドゥー教徒が牛を神聖視するため、二〇一五年にいくつかの州で「牛肉禁止令」が出ている。またインドでは、飲酒を良しとしない習慣があり、記念日などの特別な日をドライデーとして禁酒の日としていたり、グジャラート州のようにドライステイツといって禁酒を謳っている州もいくつかある。しかし意外にもバンガロールでは、牛肉も食することができるし、アルコールを扱っているレストランも多い。域内にはワイナリーもあり、地元ワインを楽しむこともできる。

バンガロールに進出している日系企業は約三〇〇社。在留邦人は約一三〇〇人で、私の着任時の二〇〇八年に比べて、三倍と急増している。インド全体では、日系企業は約一三〇〇社、在留邦人は約九〇〇〇人である。

教育水準が高く、航空宇宙・防衛産業、バイオテクノロジーが盛んな街

今やインドの大都市の一つに数えられるバンガロールであるが、どのように、インドのIT産業の中心地に発展したのか。ここからは、その変遷をたどってみたい。

もともと南インドは、北インドに比べて教育熱心で識字率が高い地域だと言われてきた。その中でもバンガロールは、大学や専門学校などの教育機関が多数設置されており、八〇校に及ぶ技術系大学がある。

インドの大学というと、インド工科大学（IIT：Indian Institute of Technology）が世界的

に著名で水準の高さを誇っているが、バンガロールには一九〇九年に開校され、インド国内最高峰と言われるインド理科大学院（Indian Institute of Science）があり、極めて優秀な研究者やエンジニアを輩出している。そのほか、インド経営大学院バンガロール校（Indian Institute of Management Bangalore）は、インドのビジネススクールではトップである。

さらに、一九四七年の独立以降、航空宇宙や防衛分野などの研究機関や国営工場が多数設立された。インド最大の軍用機メーカーのヒンドスターン航空機（ＨＡＬ：Hindustan Aeronautics Limited）、国立航空宇宙研究所（National Aerospace Laboratories）、インド宇宙研究機関（ＩＳＲＯ：Indian Space Research Organization）など多数ある。その背景には、インドの北部や湾岸の都市は隣国との紛争によるリスクが高く、南部の内陸に位置するバンガロールに重要な研究施設が置かれていったようだ。

このように、高度な教育機関による技術系人材の輩出と、航空宇宙や防衛などの最先端の研究開発機関の進出が、バンガロールの土壌を育んできた。そこに、新しい技術、産業として発展し始めたＩＴ産業の企業が集まってきたのも、自然の成り行きだったのだろう。

最近、バンガロールにはバイオテクノロジー企業も集中しており、インド最大のバイオコン（Biocon）も本社を設置している。関連のスタートアップ企業も急増しており、バイオテクノロジーのハブ（集積地）とも言われている。

バンガロールの発展を後押しした「STPI」

アメリカを中心にコンピュータが一般にも出回るようになった一九八〇年代になると、インド国内でも新興ITサービス企業が設立され、バンガロールに集まるようになった。

たとえば、現在インド第二位のITサービス企業であり、一九九九年にインド企業で初めてナスダックに上場したインフォシス（Infosys）は、一九八一年にインド西部のプネという町で創業し、一九八三年にバンガロールに移転してきた。また、インフォシスとしのぎを削るウィプロ（Wipro）も、八〇年代になってIT産業に進出し、バンガロールに拠点を置くようになった。

また一九八五年には、世界で初めてIC（集積回路）を開発したアメリカのテキサス・インスツルメンツ（TI）が、研究開発拠点をバンガロールに構えた。そのときに残されている写真を見ると面白い。データ通信用のパラボラアンテナをオフィスに運んでいるのは、牛車だ。

その後、マイクロソフト、インテル、シスコ……など名だたるグローバルIT企業が続々と進出してきた。同時に、インド国内のITサービス企業も九〇年代からバンガロールに続々と誕生するようになった。その大きな要因となったのは、一九九一年からインド政府が実施したＩＴ振興策の一つ、「ＳＴＰＩ（Software Technology Parks of India）」だ。

一九九一年にバンガロールのエレクトロニック・シティーに最初のＳＴＰＩの一つが開設され、通信環境の整備や優遇税制が適用された。対象にはインド企業のみならず、外資系企業も含まれていたので、グローバル企業の誘致に拍車がかかった。

またインド政府は、一九九一年までは、閉鎖的な経済政策を行っており、賄賂《わいろ》などの不正が横行していたが、ＩＴ産業に対する政府や官僚の理解がなく、そのため深く関与されることもなかった。だからこそ、ＩＴ産業が不正に巻き込まれることなく、健全に発展したとも言われている。

いずれにしても、ＳＴＰＩが国内外のＩＴ企業にとってメリットの大きな制度であったことは間違いなく、この恩恵を受けるために、バンガロールに企業が集まってきたのは事実だろう。

ＩＴ企業が多数進出したのを受け、バンガロールでは技術系大学の新設も相次いだ。これらによって、バンガロールのＩＴ企業は若くて優秀な人材を確保しやすくなり、成長のエンジンへとつなげることができた。また、法律では禁止されていてもインドに根強く残るカースト制度がＩＴ業界とは無縁だったことも、優秀な人材を引きつけることにつながった。

なお現在は、ＳＴＰＩとは別に、ＳＥＺ（Special Economic Zone：経済特別区）という制度があり、ＳＥＺに拠点を置くと、各種免税措置などの多くのメリットが受けられる。もちろん、バンガロールには多数のＳＥＺに指定されたテクノロジーパークがあり、私が二〇一五年末まで社長を務めていたソニー・インディア・ソフトウェア・センターもそのエリア内にあった。

まずオフショア開発拠点として発展を遂げる

ＳＴＰＩの導入によって、バンガロールには国内外からＩＴ企業が集まり、まずはオフショア開発の一大拠点として発展を遂げていった。

オフショア開発とは、システム開発や運用管理などの一部の工程を、海外の企業に委託することである。主に、プログラミング言語を用いてプログラムのソースコードを書く実装（コーディング）やテストなどの下流工程を委託することが多い。

オフショア開発には、インドのＩＴサービス企業に発注するパターンと、前述したＴＩのように、自社拠点をインドに設置し、現地のインド人スタッフを雇って業務を行う二つのパターンがあるが、いずれにしても共通しているのは、非常に安いコストで業務を遂行できたということだ。

STPIの免税措置も大きいが、なんといってもインドは労働力が安い。IT業務に関しても、欧米諸国の数分の一以下の金額で発注できるのだから、それらの国々にとっては非常に魅力的だった。

現地法人を作るにしても、優秀な若い労働力が数分の一のコストで集められた。インドの人口は九〇年代の時点ですでに八～一〇億人。現在も、一三億人超の人口のうち、その半数が二十五歳以下であるように、若い世代が非常に多い。まして、バンガロールには、多数の技術系大学があり、新卒のエンジニアを毎年輩出している。

インドは英語が準公用語であり、英語でコミュニケーションができることも、欧米企業にとっては大きなポイントだった。

立地の面も見逃せない。とくにアメリカ西海岸は、インドと十三時間半の時差があるので、アメリカで退社前に発注すれば、「西海岸が寝ている間にインドで作業が進み、翌朝出社したときに仕上がっている」といった、「眠らない開発」が実現できる。業務のスピードがケタ違いに速くなることも期待できるわけだ。

これだけのメリットがあれば、インドと組まない手はない。インド、とくにバンガロールに進出する欧米企業は年々増えていった。九〇年代になると、マイクロソフト、インテル、オラクル、シスコシステムズ、フィリップス、シーメンスなどが拠点を開設した。二〇〇〇年には、GEが米国以外で最大の研究開発拠点を開設し、その後、グーグル、エヌビディア、EMCなど多くの企業が進出し始めた。ちなみにソニーも、一九九七年にソフトウェア開発拠点をバンガロールに立ち上げている。

さらに、二〇〇〇年代になると、インターネットを中心とした世界的なITテクノロジーの爆発的な普及によって、IT開発業務の需要が増大し、バンガロールを中心としたインドIT業界は、空前の好景気へと突入した。とくに大きなきっかけになったのは、Y2K問題（二〇〇〇年問題）での貢献だと言われている。当時、二〇〇〇年を越えると世界中のシステムが誤動作をすると言われ、膨大な規模のソフトウェアの修正作業が必要になり、それへの貢献により実力が認められたのである。

こうしてバンガロールは世界的なオフショア開発拠点として発展を遂げたのであるが、ここまでの話はあくまで十数年前までのバンガロールの姿を振り返ったにすぎない。実はバンガロールはここ数年、オフショア拠点という枠には収まらないほど、劇的な進化を遂げているのだ。その姿は、激変するインドＩＴ業界全体を表していると言ってもよいだろう。バンガロール、そしてインドＩＴ業界は、どのような変貌を遂げたのか。それは次の第3章で詳しくお伝えすることにしよう。

第3章

激変するインドIT業界

バンガロールのＩＴ技術者は二〇二〇年には二〇〇万人に

「二〇二〇年には、バンガロールはシリコンバレーを抜く」

二〇一四年当時、カルナータカ州のＩＴ担当官僚のトップが、口癖のように述べている言葉だった。インド全体のＩＴ技術者は三〇〇万人以上いて、うちバンガロールには三分の一の一〇〇万人以上がいることはすでに述べたが、このままのペースで増えていけば、おそらくバンガロールのＩＴ技術者は二〇二〇年に二〇〇万人に達する。すると、ＩＴ技術者の数で、シリコンバレーを抜く、というのだ。

もちろん、頭数を揃えただけでは「シリコンバレーを抜いた」とは言えないが、近年のバンガロールの状況を見ると、私は「近い将来、現実にシリコンバレーを抜く日が来るのではないか」という思いを禁じ得ない。というのも、ここ数年で、バンガロールは単なるオフショア開発拠点の枠を大きく飛び越え、シリコンバレーに肩を並べるほどの世界的な戦略拠点へと変貌を遂げているからだ。

このように大きな変貌を遂げたバンガロール、そして激変したインドＩＴ業界の姿とは？この章で解説していくとしよう。

規模拡大を続けるインドIT業界

インドIT業界は、右肩上がりの成長を継続している。

私がインドに着任した二〇〇八年は、リーマンショックがあり、世界経済に大きなインパクトがあった年である。その影響でインドIT業界は二〇〇九年、二〇一〇年は成長が鈍化したものの、二〇一一年以降は再び成長が加速。二〇一七年には、インドIT業界としては、輸出だけで一一六〇億ドル（約一三兆円）で、国内市場を入れた合計では一五四〇億ドル（約一七兆円）にもなる（次ページの図参照）。

インドのIT業界は、世界経済が好調なときも、不調なときも、伸び続けているのである。リーマンショックでは、金融関係のアウトソーシングは直撃を受けたが、それ以外の分野でカバーされたことになる。その後、世界の金融企業も生き残りをかけ、さらなるシステム開発やコストダウンが必要となり、結局はインドへのアウトソーシングが増えることとなった。

また、世界のアウトソーシング市場全体で見ると、五六％をインドが占めており、フォーチュン五〇〇社の八〇％がインドを活用している。二〇一六年のインドのIT関連サービス

■ インドのIT関連サービスの売上規模の推移

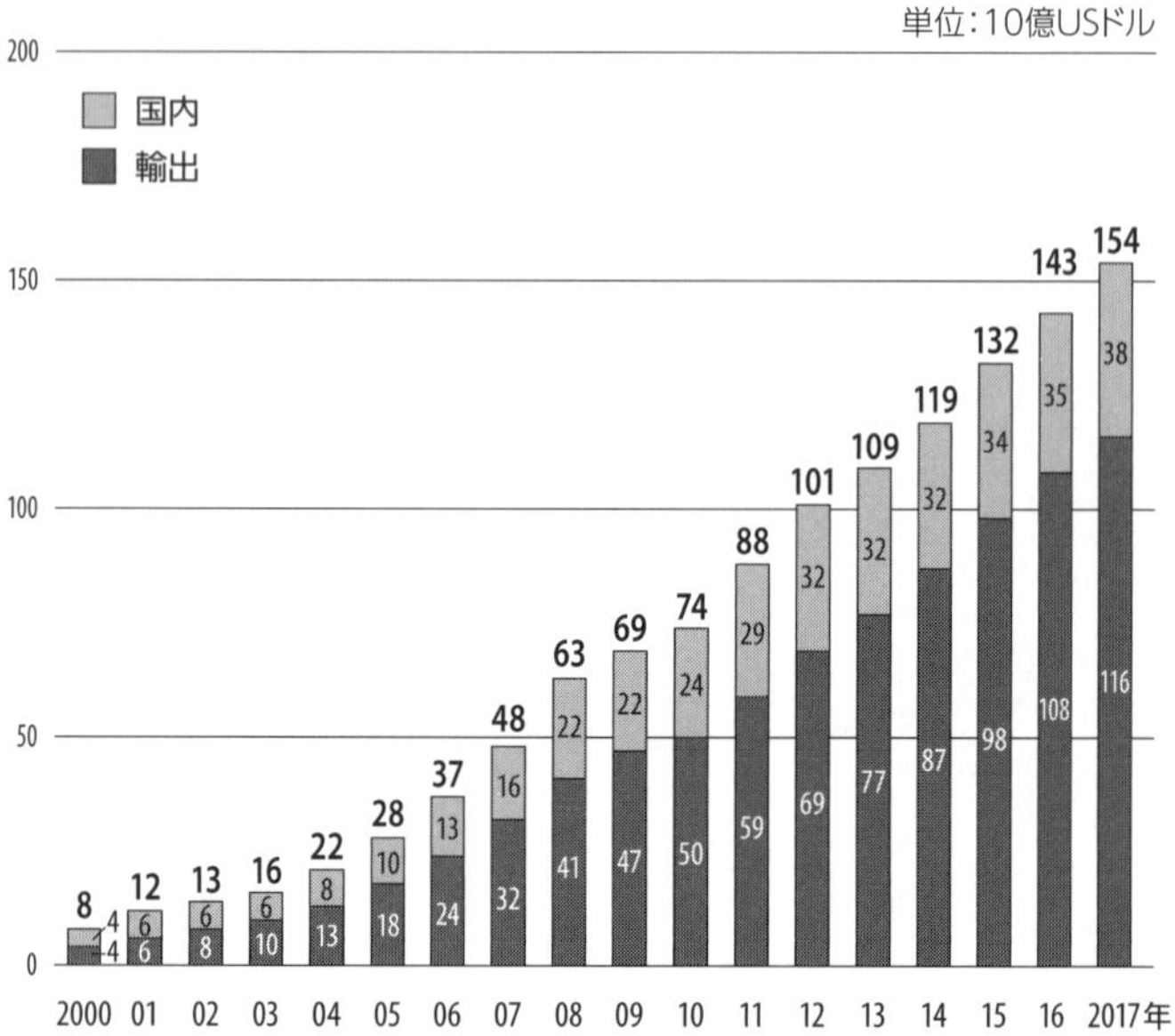

注：それぞれの年の数字は、前年4月からその年の3月までのもの。
たとえば、2017年＝2016年4月〜2017年3月
出所：NASSCOM

輸出額の内訳は、ＩＴサービス分野が五八％を占め、経理、人事などの業務関連のＢＰＯ（Business Process Outsourcing）が二三％。また、製品、サービスに関わるプロダクト関連（ER&D: Engineering Research & Development）が一九％となっている。

二〇一七年のインドＩＴ業界の規模一五四〇億ドルは、実は日本の情報サービス産業約二四兆円（経済産業省「平成二八年

■ インドのIT関連サービス輸出額の内訳(2016年)

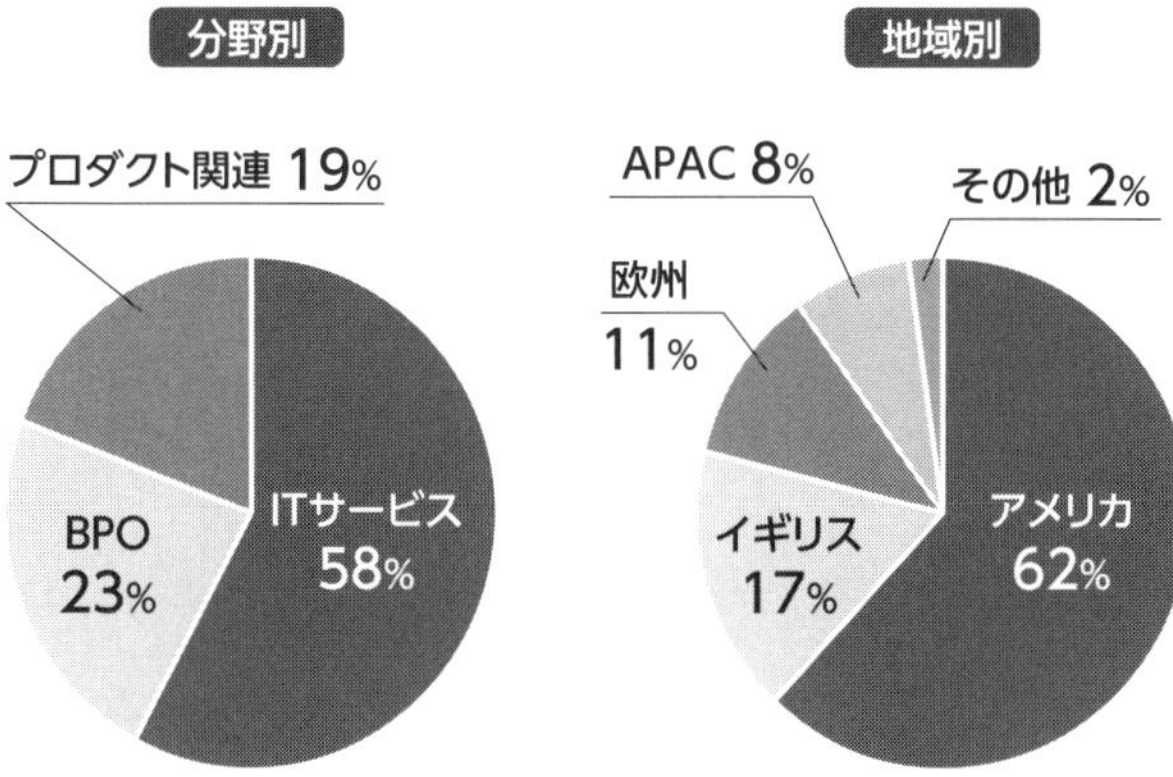

出典:NASSCOM

情報通信業基本調査—平成二七年度実績—」)に近づいているが、インドの人件費が日本の二分の一から三分の一程度であることから考えれば、インドのIT業界が手がけている業務量は日本のIT業界のそれを凌ぐと言える。事実、インドIT業界の直接雇用は三七〇万人で、日本の約九〇万人(経済産業省「IT人材の最新動向と将来推計に関する調査結果」二〇一六年六月)を圧倒する規模である。

これだけ規模が大きいのは、主に欧米企業の大規模な仕事を請け負うためでもある。二〇一六年のインドのIT関連サービスの輸出額を地域別に見てみると、アメリカが六二%と圧倒的に多い。これに、イギリス(一七%)、ヨーロッパ(一一%)を加えると、約九〇%を欧米が占めることになる。

日本は二%以下の「その他」の中に入っているが、日本だけで見ると一%以下で、金額では一〇〇〇億円以下である。

以前、インドのある大手ＩＴサービス企業の日本営業担当者と名刺交換をしたところ、その名刺には「ＲＯＷ」という文字が書かれていた。ＲＯＷとは、Rest of world。つまり、「その他」である。インドＩＴ企業にとって日本市場はまだまだその程度の位置づけだということになる。

その金額は、確かに増加傾向にはあるが、比率はかえって下がっている。あるインドＩＴサービス企業の日本支社では、以前は世界の売上の五%ぐらいあったものが、現在は一%以下に下がっているとの話も聞く。日本のインドＩＴ業界の活用は少しずつ増えてはいるものの、欧米のインド活用の勢いは加速しており、結果として日本の比率は減っていることになる。この状況に日本企業はあまり気がついていないが、欧米企業はインドのポテンシャルに気がつき、戦略的に意思を持って活用を拡大させているのである。

二〇二〇年には売上規模二二五〇億ドル（約二五兆円）、二〇二五年には三五〇〇億ドル（約三九兆円）まで伸びると見込まれている。インドやバンガロールに寄せられる期待を考えれば、不可能な数字ではないだろう。

オフショア拠点から、上流工程まで手がける一大拠点に

かつては、オフショア開発拠点としてソフトウェアのコーディングなどの実装、テスト、メンテナンスなどの下流工程だけを手がけていたインドのITサービス企業が、今では、クライアントのニーズに合わせてシステムの機能などを決める「要件定義」などの上流工程も含めて、すべての工程を請け負うようになった。

上流工程まで依頼されるようになったのは、ひとえに、バンガロールに集積するITサービス企業群の実力が飛躍的に向上したからだ。欧米の多様な企業から、実装やテストなどの業務を請け負っていれば、たとえ下流工程の仕事だとしても、その企業には様々なノウハウが蓄積する。とくに、同じドメイン（分野）のメーカーから似たような仕事を引き受けていれば、ドメイン知識が蓄積していき、その業種ならではの勘所をつかむことができるようになる。

また、請け負った仕事を通じて、今後、どんなテクノロジー・トレンドが来るのか、その背景にはどんなビジョンや戦略があるのかをいち早くつかめるので、将来性の高いテクノロジーを見極めて、その研究開発に取り組むこともできる。今で言えば、ソーシャルメディ

ア、モビリティ、アナリティクス、クラウドの頭文字をとった「SMAC」、さらにAI、IoTなどの分野に、インドのITサービス企業は次々と挑戦している。

また、インドの大手ITサービス企業は、戦略的にバッファリソース（余剰人員）を抱えている。売上を伸ばすためには、将来の受注を予測し、先に人材を確保しておくことが必要となるからだ。たとえば一〇万人の従業員を抱えている大手ITサービス企業では、その従業員の二〜三割、すなわち二万〜三万人ほどをバッファリソースとして抱えている。その人員には、新卒でトレーニング中の人員や、新しい顧客を獲得したときに、そのプロジェクトに投入されるために待機している人員が含まれている。

このように人的な余剰を持つことにより、新しいテクノロジーの研究開発が必要になったときには、新たにR&Dチームを発足させ、こちらに優先的に人員を投入することも可能となる。インドではCOE（センター・オブ・エクセレント）と呼ばれ、新たなテクノロジー変化にキャッチアップして、欧米企業に勝るとも劣らない実力をつけ始めている。

こうして実力を蓄えたインドのITサービス企業から、「もう少し上流の仕事もできる」と提案されれば、業務をまとめて発注する欧米企業も当然出てくる。すると、ますますノウハウが積み上がり、より上流の仕事ができるようになる、という好スパイラルに入っていっている。

第2章で取り上げたインフォシスやウィプロは、まさにその例である。長年、世界中のグローバル企業から受注をしながら、最先端のテクノロジーへのキャッチアップも行ってきたことで、システム構築では世界でトップクラスの実力を持つようになった。IT、金融、保険、小売、医療、製造業、通信など、あらゆる業種をカバーしている。しかも、同一業種の競合企業もクライアントとしている。たとえば、インフォシスは、国際的な巨大通信企業トップ一〇社のうち六社が同社のクライアントだという。

また、インドのある大手ITサービス企業は、メディカル（医療）のドメイン知識の蓄積を武器に、仕事の幅を広げている。たとえば、メディカル機器をアメリカで発売するとなると、FDAという認証が必要だが、この会社に相談すれば、「FDAの認証ならお手伝いできます」と二つ返事で引き受けてくれる。

インドのほとんどの大手ITサービス企業は、アメリカだけでなく、ヨーロッパやアジアの仕事も引き受けているから、世界中のノウハウを持っていると言っても過言ではない。クライアントにとっては、実に頼もしい存在だ。

同じ業種の複数の主要企業のシステム構築や製品・サービスの開発を、一つの企業が請け負うとなると、情報漏えいの問題があるが、インドのＩＴサービス企業は、クライアントごとにＯＤＣ（オフショア開発センター）という部屋を作り、その中だけで作業をさせることで、従業員を通して競合他社の情報が漏れないようにしている。とはいえ、各企業の課題や、その課題をシステムで解決するノウハウは有形無形に蓄積していくので、実際にはその分野に関するスペシャリストへと成長していく。

高度ＩＴ人材をこれほど大量に雇える国は、世界でインドだけ

高い技術力を有する高度ＩＴ人材を多数抱えていることも、上流工程まで任される要因である。高度ＩＴ人材は世界的に人手が不足している。たとえば、ビッグデータを解析する専門家であるデータサイエンティストは、シリコンバレーですら、大量に雇い入れることが難しい状況だ。

それに対し、インドでは、高度ＩＴ人材候補である理工学系大学の新卒者が毎年一〇〇万人以上生み出され、その中から二〇一六年には二〇万人がＩＴ業界に新規雇用されている。日本の理工学系大学の新卒者が一〇万人程度であることに比べても圧倒的に多い。

これだけいれば、一度に数百人を雇用することも十分に可能だ。あるグローバルＩＴサー

ビス企業から、「インドで、一年で四万人の雇用を増やす」との計画を聞いたことがあったが、これは毎週一〇〇〇人ずつ採用すると言うのと等しい。こんなことができるのは世界を見渡してもインド以外に見当たらない。

もちろん、新卒の高度IT人材といってもピンキリではあるが、IIT（インド工科大学）やNIT（国立工科大学）などのインドの難関大学でコンピュータ・サイエンスなどを学んだ学生は、世界中のトップ校の学生と遜色ない能力を持っている。理解力が高いうえ、英語が堪能なので、英語で書かれることが多い最新の論文を難なく読みこなして、シリコンバレーなどで生まれる最新のテクノロジーをすぐに取り入れてしまうのだ。

近年、IT業界は、技術仕様やプログラムのソースコードなどを公開する「オープン化」がトレンドであり、リナックスやアンドロイドなどはソースコードが公開されている。インドの優秀なエンジニアは、すぐに理解し活用することができるようになる。インドの高度IT人材を大量に雇って鍛え上げれば、前出のデータサイエンティストなど自前で大量に育てることができる。また、IoTやAI、ブロックチェーンなどの最新テクノロジーが出てきても、すぐにキャッチアップできる。

技術の進化のスピードが加速度的に増していき、ITトレンドが目まぐるしく変化するようになった今、先進国でもそのトレンドについていくのが難しくなっている。その姿を横目で見るように、新興国と見られていたインドが、先端のＩＴ技術を自分たちのものとして取り入れている。

最近では、研究開発のような上流工程の業務にインド国内でも従事できるようになったことで、これまでシリコンバレーなどに流出していた優秀な技術者が、インドにとどまって仕事をするようになった。これによって、ますます技術レベルが向上している。

人件費上昇でもコスト優位性を持続

もう一つ大きな理由は、そうしたインドＩＴサービス企業は高い技術力だけではなく、以前と変わらぬ価格競争力を持っていることだ。

二〇〇八年から二〇一六年までのインドＩＴ業界の平均昇給率を調べてみると、二〇〇九年こそ前年のリーマンショックの影響で鈍化しているが、他の年は昇給率が一〇％前後である。

ところが、インドＩＴサービス企業への発注コストに関しては、それほど大きく上昇していない。欧米などの先進国に比べて、およそ三分の一から四分の一のコストである。

■ 過去10年間のインドルピー/ドル相場の推移（1USドル）

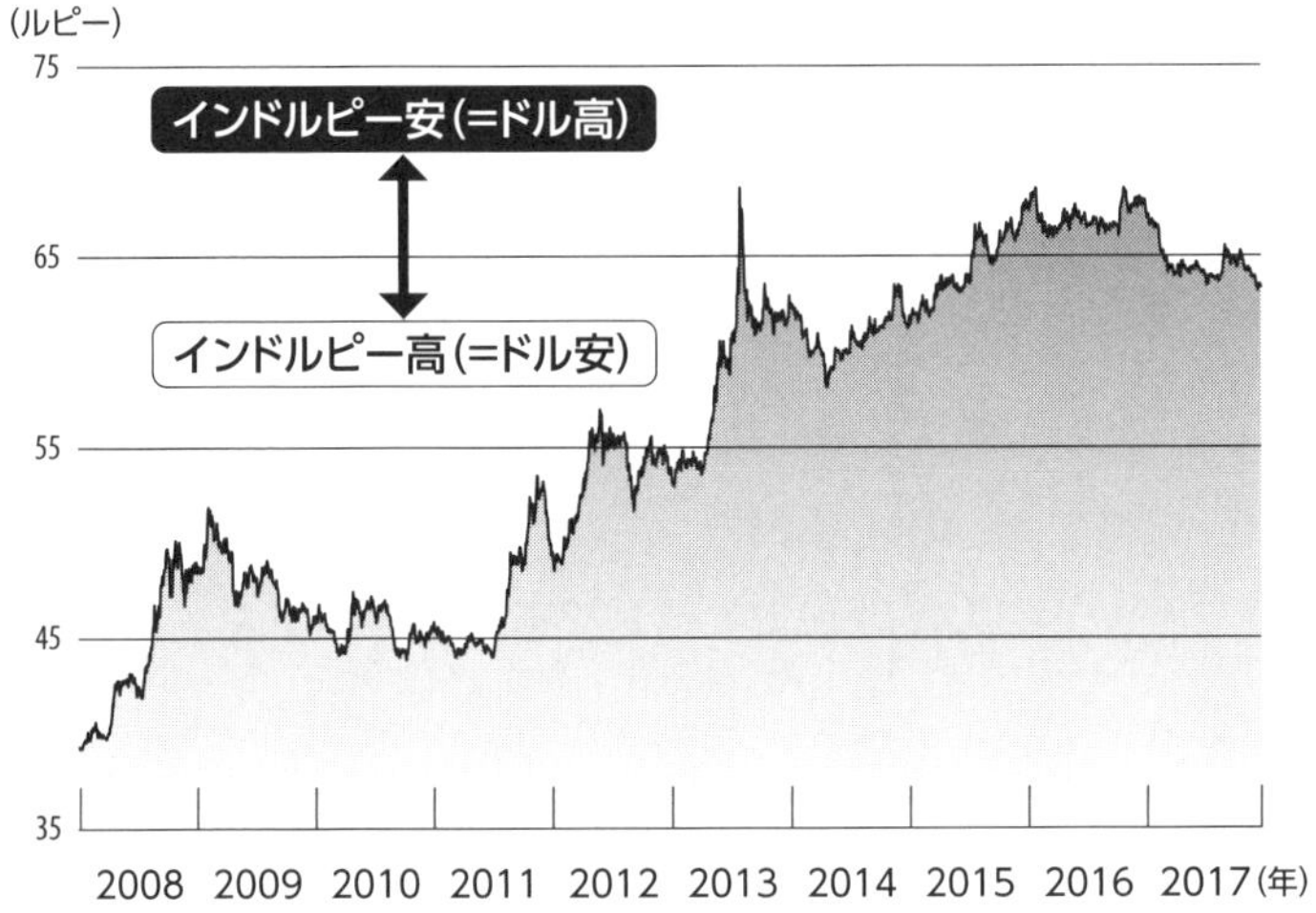

なぜこのようなことが起こるのか。その理由として大きくは三つある。

一つ目は、インドITサービス企業は、規模拡大を続けることで、組織的にはピラミッド構造を維持している。若い人材を大量に増やすことで、組織全体で平均単価を下げているのだ。

二つ目は、規模の大きさのメリットを生かして、組織として生産性の向上の努力をしている。大規模なトレーニングセンターを作り教育を強化したり、最先端の開発手法を積極的に導入したり、様々な業務の自動化にも取り組んでいる。

さらに、三つ目は、ドルに対してインドルピー安ということがある。上のグラフは、二〇〇八～二〇一七年のルピーと米ドルの為替レートだ。これを見ていただくと一目瞭然だが、ここ十年の間、米ドル高・ルピー安のトレンドが続いている。だから、インド国内で毎年一〇％以上給料が上がっていても、その上昇分を相殺《そうさい》するほどに、ルピーの価値が下がっており、アメリカ企業から見れば、依然として、安いコストでインドに発注できることになる。

インドIT業界は発展しているものの、インドは多様な問題を抱えた発展途上の国でもある。これらを憂慮しているからこそ、ルピーの価値は簡単には上がらないのである。期待されたモディ政権が誕生しても、一気にルピー高につながることはなかった。今後はわからないが、過去においては、ルピー安トレンドが、インドの人件費の上昇をカバーし、インドIT業界の価格競争力の維持に大きく貢献したのは事実だ。

巨大化するインドITサービス企業

このような強みを武器に、インドのITサービス企業は、破竹の勢いで成長を遂げている。その規模は、生半可ではない。とくに業界をリードしている三大企業をご紹介しよう。どの企業も、業務内容としては、システム開発を行うITサービス、プロダクト関連の開発（ER&D）、業務支援を行うBPOの三分野を広くカバーしている。また、世界の多様な業

■ 従業員10万人規模のITサービス企業

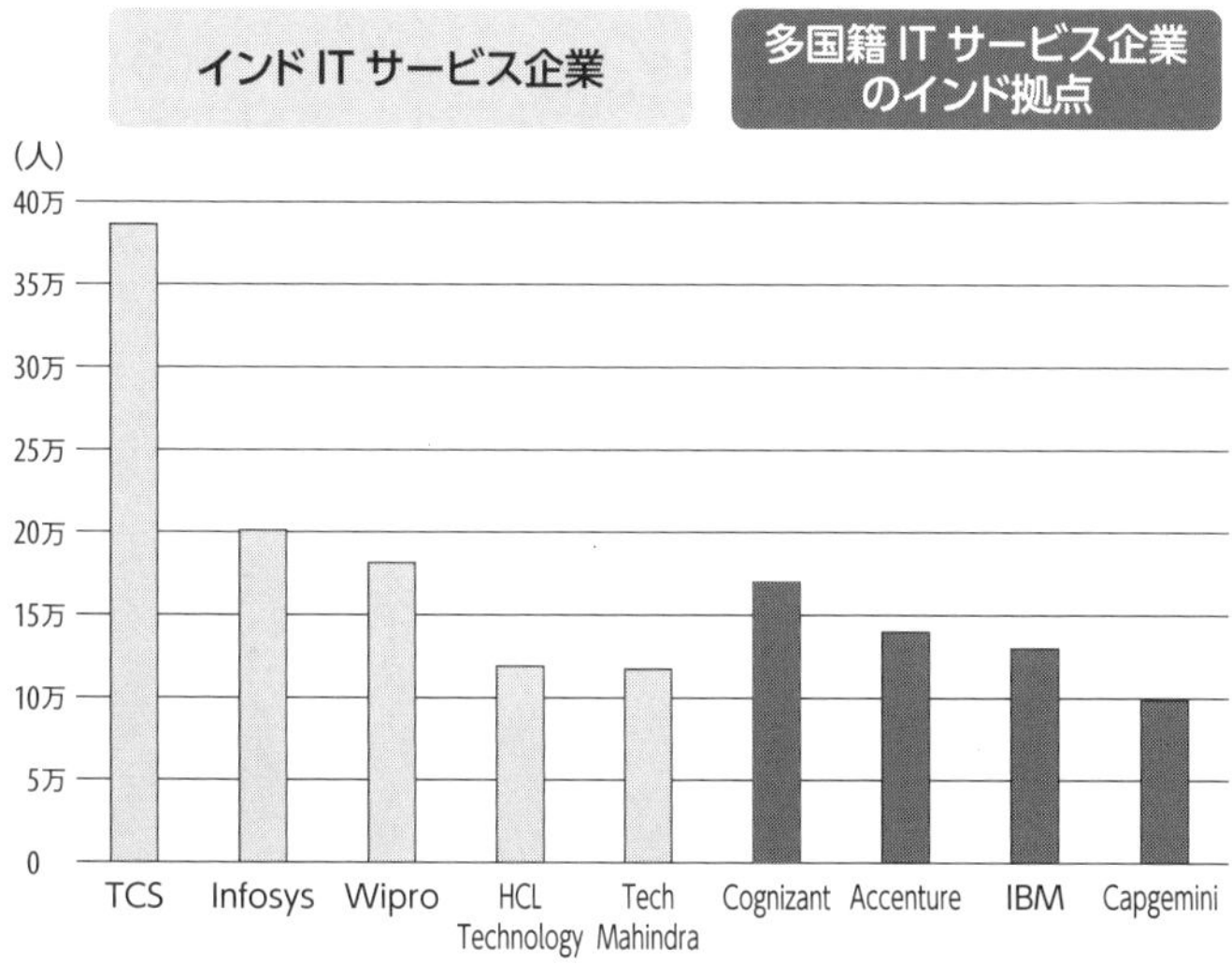

注：インドITサービス企業の数字は公表されている世界の従業員数で、この8〜9割がインドで雇用されている。多国籍ITサービス企業の数字は、メディアの記事に書かれているインドでの雇用者数

種の主要企業をクライアントにしているのも共通だ。

インドで最大規模のITサービス企業は、タタ・コンサルタンシー・サービシズ（TCS）だ。自動車や製鉄、電力などの企業を持つことで知られるインド最大の財閥・タタグループの企業で、二〇一六年度には売上一七六億ドル、従業員数は三八万七〇〇〇人にも達している（Annual Report 2016–17より）。一九六八年にムンバイで創業され、現在では、バンガロールを含め、インド各地に開発拠点を持っている。本社は現在もムンバイである。

規模拡大のために、毎年数万人の新卒を採用しており、一つの大学から一〇〇〇人以上を採用して話題になる。

日本市場に関しては、一九八七年から取り組んでおり、二〇一四年には三菱商事グループと提携して日本TCSを立ち上げ、日本での新卒採用も始めている。二〇一五年にはインド西部のプネに、日本企業向けの専用デリバリーセンターを立ち上げ、日本向けビジネス拡大を目指している。

二番手は、第2章でも取り上げたインフォシスだ。一九八一年、七人のエンジニアで、二五〇ドルの資金でプネにて創業。一九八三年にバンガロールに移転し、現在はバンガロールに本社を構えている。

一九九九年にインド企業で初めて、アメリカのナスダック市場に上場すると、そこからさらに急成長。売上は、二〇〇〇年当時は二億ドル程度だったが、二〇一六年度には一〇二億ドルと、五〇倍にも増えている。従業員数も、二〇〇〇年の時点では約五〇〇〇人だったが、二〇一七年には約二〇万人にまで増えた（Annual Report 2016-17より）。

二〇一四年に創業者の一人であるナラヤナ・ムルティ氏（Narayana Murthy）が引退して、

SAPの元CTO（最高技術責任者）であったビシャル・シッカ氏（Vishal Sikka）がCEOに就任した。ビシャル・シッカ氏は、SAP HANA（SAPのインメモリーデータベースのプラットフォーム）を開発した中心人物と言われている。CEOに就任後も、バンガロールの本社ではなく、シリコンバレーに主に滞在していた。彼はインド生まれで、アメリカのシラキュース大学で学び、さらにスタンフォード大学でPh.D.（博士号）を取得し、Xerox Palo Alto LabsでAIの研究者でもあった。

就任後、M&A（企業の合併・買収）など積極的な戦略を打ち出し、経営数字は順調であったが、二〇一七年八月に突然の辞任を発表した。創業者のナラヤナ・ムルティ氏との経営方針の相違が原因だと言われている。二〇一八年の一月にはフランス同業のキャップジェミニのサリル・パレク氏（Salil Parekh）が新CEOに就任した。

同じく第2章で取り上げたウィプロも、従業員数は約一八万人で三番手とはいえ、二〇一六年度売上で七七億ドルの巨大企業である。創業は一九四五年と古いが、もともとWestern India Vegetable Products Limitedの名前で、食料品、医薬品の会社だった。一九八二年にITサービスビジネスに参入し、二〇〇〇年にはニューヨーク証券取引所に上場した。製品やサービスなどの開発（ER&D）分野に強い会社である。

この三社のほかにも、HCL Technology（本社：ノイダ）、Tech Mahindra（本社：ムンバイ）も従業員数は一〇万人規模で、バンガロールにも拠点を展開している。

一万人以上を同時にトレーニングできる、超巨大トレーニングセンター

一〇万人を超える従業員を雇っているインドのITサービス企業は、当然ながら、オフィスの規模も規格外だ。なかでも、インフォシスのキャンパス（オフィスのある広大な敷地）の美しさと奇抜なデザインの建物には驚かされる（巻頭の口絵写真参照）。

バンガロールの市内から車で一時間ほど走り、エレクトロニック・シティーと呼ばれるIT企業が集積した地域に近づくと、ピラミッドのような建物が見えてくる。ここが、バンガロールにあるインフォシスのヘッドオフィスだ。キャンパスには、約二万人もの従業員が働いており、この従業員たちの送迎のために、同社では、毎日、数百台のバスを雇っているそうだ。我々のようなゲストが行くと、場内をゴルフカートで案内してもらえる。実際に、簡易ゴルフコースも二ホールあったりと、緑にあふれる素晴らしいキャンパスだ。

バンガロールから車で3時間半のマイソールにある、インフォシスの社内研修施設「グローバル・エデュケーション・センター」。敷地面積は東京ドーム26個分に相当する広さで、1万人以上を同時にトレーニングすることが可能。新卒でインフォシスに入社した人は、全員がこのキャンパスで4カ月～半年間の研修を受ける。

厳しい研修を積みながらもリラックスできるように、キャンパス内にはプールやスポーツジム、ボウリング場なども併設されている。

さらに、バンガロールから車で三時間半の位置にあるマイソール（Mysore）には、ヘッドオフィスとは別に、インフォシスの社内研修施設である「グローバル・エデュケーション・センター」がある（前ページの写真参照）。敷地面積は約三〇〇エーカー（約一二一万平方メートル）。東京ドーム二六個分に相当する広さだ。

宮殿のような建物が立ち並ぶさまも目を引くが、このセンターの特筆すべき点は、掛け値なしに、「世界最大のトレーニングセンター」であることだ。なんと専任講師だけでも六〇〇人以上いて、一万人以上を同時にトレーニングすることが可能だ。設備も最先端のものが整っており、講義の出欠は瞬時に把握できるという。

寮やゲストハウスを含めると、一万人以上が宿泊できるので、数週間、数カ月単位での研修も難なくできる。実際に、新卒でインフォシスに入社した人は、全員が、このキャンパスで、四カ月から半年間の研修を受ける。研修内容は、コンピュータ・サイエンスを学んでこなかった人が、アメリカの大学のコンピュータ・サイエンス学部の卒業レベルに到達するレベルだというから、相当厳しいものだと推測されるが、それだけのトレーニングを積んだ人が職場に配属されるのだから、高度な仕事ができるのも当然だろう。

厳しい研修を積みながらも、リラックスできる時間が持てるよう、キャンパス内にはプールやスポーツジム、ボウリング場、エアロビクスのスタジオなども併設されている。

このように、巨大なトレーニングセンターで教育を施した大量の人材を有しているインドＩＴサービス企業は、インフォシスだけではない。他企業もインフォシスに近いレベルで人材を育て、事業を展開している。

ＡＩプラットフォーム開発競争が始まる

インドＩＴサービス企業はこれまで、大量の人材を採用・教育・戦力化し、人数増加に比例して売上を伸ばすことで成長してきた。ただ、このモデルが長く続かないと考えて、そのためビジネスモデルの転換に向けていろいろな試みを始めている。以前は、実際にかかった人件費をもとに費用を請求するモデル（Time-and-Materials）か、事前に合意した費用を請求するモデル（Fixed Price）がほとんどだったが、それ以外にも、製品の開発をすべて請け負い、その製品の利益をシェアするモデルや、ソフトウェアやツールを独自開発してライセンスするモデルにも挑戦している。

今、最もホットな話題はＡＩプラットフォームの開発である。前述のトップ三社ともＡＩプラットフォームの開発を発表している。その背景には、「ＡＩの登場により、今までの業務がなくなる」という危機感がある。自らAI技術を活用して自動化を進めるために、AIプラットフォームの開発を推進しているのだ。

TCSは、二〇一五年に「Ignio」という独自開発のエンタープライズ向けAIツールを発表した。

二〇一六年には、インフォシスが「Mana」というナレッジ・ベースのAIプラットフォームを発表。その開発のために、グーグルなどのシリコンバレーのキー人材を獲得したと言われている。二〇一七年にはさらに進化させた「Nia」と呼ばれる次世代のAIプラットフォームを発表している。

ウィプロは、二〇一五年に、AIプラットフォーム「HOLMES」を発表した。この名前は「Heuristics and Ontology-based learning machines and experiential systems」からきているそうだ。二〇一五年当時、バンガロールの空港に国際便で到着すると、最初に見る広告が、ウィプロの「HOLMES」であったことから、力を入れていることが想像できた。

どれも、IBMの「ワトソン」を意識したプラットフォームではあるが、性格はかなり異なり、AI技術を活用した自動化ツールという言い方が正しいかもしれない。時代の最先端のテクノロジーを理解し、世界からトップ人材を獲得し、技術的に追い上げているのは間違いない。

「インド・シフト」するグローバルＩＴサービス企業

世界を代表するグローバルＩＴサービス企業のＩＢＭは、全世界の従業員約四〇万人の三分の一にあたる約一三万人がインドで雇用されている。十年前に比べて約二倍に増えており、アメリカ国内の従業員数をすでに上回っていると言われている。

アクセンチュアは三七・五万人の従業員のうち三七％の一四万人以上がインド拠点で雇用されているようだ（二〇一六年九月の同社インド拠点幹部に対するインタビュー記事による）。ここ数年、急速にインド比率が高まっている。日本アクセンチュアの約七四〇〇人（二〇一六年八月末時点）と比較しても圧倒的な規模である。

また、コグニサント（Cognizant）は全世界の従業員約二五万人の七割を占める一七万人程度がインドで雇用されているとのことである。

二〇一五年に、ヨーロッパ最大のＩＴサービス会社であるフランス企業のキャップジェミニは、アメリカのビジネスに強いアイゲートを四〇億ドルで買収すると発表した。アイゲートは登記上ではアメリカの会社であるが、主な開発はインドで行われており、インドＩＴサービス企業である。

もともとキャップジェミニ自身も、インドにかなりの人員を抱えていたが、アイゲートを買収したことで、インド拠点の人員は一〇万人（二〇一七年四月時点）となったようだ。グローバルＩＴサービス企業の「インド・シフト」は加速している。

したがって、インドのトップ五社と、グローバルＩＴサービス企業四社のインド拠点の合計だけで、百数十万人を雇用していることになる。二〇一六年に経産産業省から発表された、日本のＩＴ人材の合計九〇万人を大きく上回ってしまう。その規模の差はますます広がりつつある。

戦略拠点に変貌するグローバル・インハウス・センター（ＧＩＣ）

インドＩＴサービス企業が巨大化する一方で、インドに自社の開発拠点を構えるグローバル企業も年々増えている。また、その規模も拡大している。現在では、欧米のほとんどの主要企業が拠点を設置していると言ってもいいほどだ。

こういった社内向けの開発拠点のことをＧＩＣ（Global In-House Center）と呼ぶ。企業によってＧＩＣの役割は異なるが、研究開発、製品開発・設計、ＩＴシステム開発、サポート、メンテナンス、運用など幅広く行われている。社内拠点として、企業の研究開発や製品開発に関係することが多く、R&Dセンターとも呼ばれる。日本では、R&Dというと基礎的な研究開発などをイメージするが、インドでは、ソフトウェア開発、設計などを含めて広い意味で使われている。

GICは、あくまでも社内向けの拠点であるため、情報は積極的に公開されない。私自身は、様々な現地での人的な交流で多くのGICを訪問したが、想像以上の研究開発や製品開発がインドで行われていることを知り、驚きを覚えた。

インドのIT業界団体であるNASSCOM（二八三ページ参照）の資料によると、二〇一五年で約一〇〇〇社のGICが設置されており、八〇万人が雇用されている。インドIT業界の輸出の約二〇%にあたり、二一五億ドル（二兆四〇〇〇億円）の規模になっている。

拠点を地域別に見ると、三五%はバンガロールに拠点を構えている。それ以外に、ムンバイ・プネ（二四%）、デリー首都圏＝NCR（一四%）、ハイデラバード（一一%）、チェンナイ（一〇%）の五地域を中心に広がっている。また、国別では、アメリカ企業が六八%、ヨーロッパ企業が二四%を占め、日本企業はわずか四%である（八七ページの図参照）。

もともとGICは、社内向けのオフショア拠点として位置づけられ、あくまでも、コストダウンと人員確保を期待されていた。業務内容は、自社のグローバル製品の一部のソフトウェア開発やテスト、メンテナンスなどサポート的なものから始まったようだ。

しかし、その後技術レベルが向上し、組織としての成熟度も高まり、今では、全体のソフトウェア開発、さらにハードウェアも含め、グローバル製品のエンド・ツー・エンドの開発、設計、商品化ができるGICも増えている。

最近は、パテント（特許）を取得したり、ビッグデータ、アナリティクスのように、先進国でも人材獲得が難しい技術分野の組織を立ち上げたり、IoT、AI、ブロックチェーンなどの新規技術のPOC（Proof of Concept）を行ったり、イノベーション創出に貢献をしているGICも増えている。さらには、オープンイノベーションとして、インドのスタートアップを活用したアクセラレーター・プログラムを始めるところも増えている。


多くのグローバル企業にとって、インド市場のビジネスは極めて小さい売上でしかなかった。しかし、最近はインド市場が急激に拡大しつつある。そうした中で、製品開発能力を身につけたGICは、インドを含めた新興市場向けの製品開発拠点にもなっている。

GICの中には、数十人から数百人規模のものもあるが、大手グローバル企業の場合は千人程度から一万数千人規模である。企業によっては、本国以外では最大規模の開発拠点になっており、バンガロールの拠点を「第二ヘッドクォーター」と位置づけているほどだ。

■ インドにGICを設置しているグローバル企業の分類

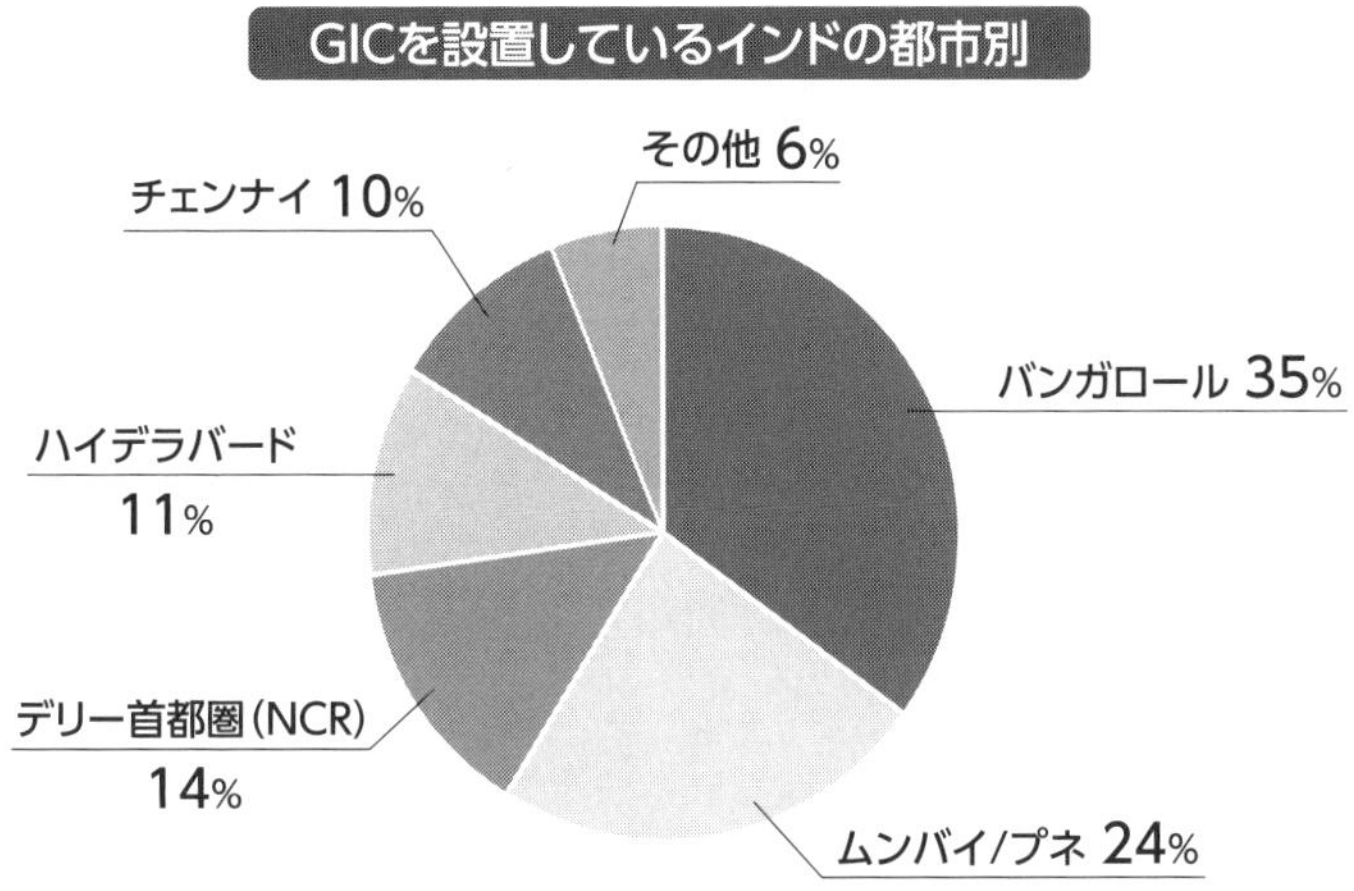

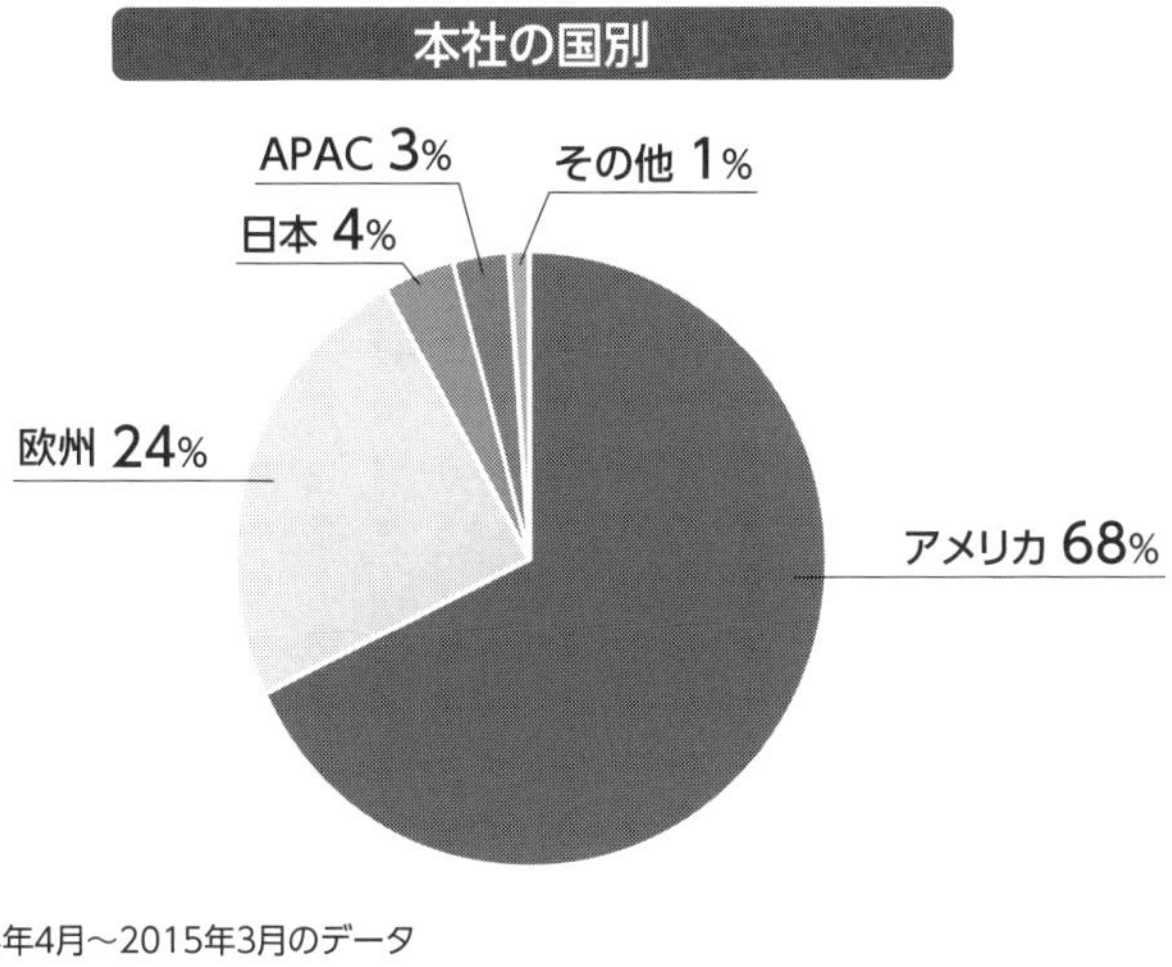

注:2014年4月〜2015年3月のデータ
出典:NASSCOM

ＧＩＣの責任者の多くは、インドの大学を卒業後に、アメリカの大学でマスター（修士号）、ＭＢＡ、Ph.D. などを取得し、さらにアメリカ企業で経験を積んだのち、インドに帰国してＧＩＣの責任者に就任していたり、アメリカＩＴ企業から期間限定で赴任者として送り込まれているインド人たちだ。したがって、アメリカ本社とのパイプは太い。

多くのＧＩＣは、経験者採用だけではなく、新卒採用もしており、積極的にトップの大学にアプローチをしている。ＧＩＣは、インドＩＴサービス企業より高い給料を出すことや、グローバル製品の研究開発に携われるということで、学生の就職希望者も多い。また、ＧＩＣの中には、ずば抜けたトップ人材を獲得して、グローバル人材として本社に送り込む役割を果たしているところもある。

今やインドのＧＩＣやＲ＆Ｄセンターは、研究開発、製品開発、新規技術開発、イノベーション戦略、新興国ビジネス、さらにグローバル人材獲得のための戦略拠点に変貌を遂げつつある。

バンガロールにＧＩＣを持つメリット

インドとりわけバンガロールにＧＩＣを設置することは、インドＩＴサービス企業に業務委託することに比べると、組織立ち上げのための投資や、マネージメントの配置、人材の長期的な雇用や継続的な組織運営など、大きな負担がかかる。しかし、今もＧＩＣの数は増え続けている。ＧＩＣを設置する企業の目的は様々であるが、そのメリットを整理すると、以下のようなことが挙げられる。

1．自社拠点内にノウハウを蓄積できる

どの企業にとっても、競争戦略上、コアとなる分野とコアではない分野がある。コアではない分野は、コストダウンを目的に、インドＩＴサービス企業に業務委託するのは有力な選択肢となる。しかしコア分野はあまり外部に出したくない。また、多くの場合はコアかコアでないかの切り分け自体も難しい。インドにＧＩＣを設置して活用することで、コストダウンと同時に、インドの自社拠点内に継続的にノウハウを蓄積できる。

2．高度な技術レベルの仕事ができる人材を確保し、しかも離職率は低く抑えられる

インドはグローバルに活躍できるＩＴ人材の宝庫として、世界中の企業がトップクラスの人材の争奪戦を繰り広げている。現地に拠点を置けば、こうした人材を獲得しやすい。今や、どの業界でもＩＴは重要な要素であるし、ＩｏＴ、ＡＩ、ビッグデータなどの積極的な活用を考えれば、ＩＴの知見を持った優秀な人材はどの会社ものどから手が出るほど欲しい状況だ。

インドの学生も、インドＩＴサービス企業ではなく、グーグルやマイクロソフトのような世界的なＩＴ企業や、外資系企業のＧＩＣに憧れている人が多い。後者のほうが比較的給料が高いことも魅力の一つだが、下請け的な仕事よりも、より上流でダイナミックな仕事に携わりたいと考えるのは世界共通であるようだ。

インドの大手ＩＴサービス企業の場合、離職率は年間で一五％から二〇％程度であるが、私の知っているＧＩＣの多くは、五％から一〇％程度とかなり低い。バンガロールには一〇〇万人以上のＩＴ技術者がいるうえ、雇用の流動性も高く、専門性の高い技術者を集めることができる。ある大手通信機器メーカーのＧＩＣでは、通信系の技術者を一年間で一〇〇〇人も増やした例もある。競合相手のＧＩＣや通信機器メーカー向けに仕事をしているインドＩＴサービス企業から採用できるのだ。

3. コスト・コントロールがしやすい

「自社拠点より、インドＩＴサービス企業に業務委託したほうがコストは安く済む」。そんなイメージを持っている人がいるが、必ずしもそうではない。

決算資料を見るとわかるが、大手のインドITサービス企業の利益率は二〇〜三〇％に達している。自社拠点の場合でも、インドは「移転価格」に厳しく、インド側に適切な利益を落とすことを求められる。しかしGICは利益の最大化を目的にしておらず、低い利益率に抑えられる。その分は従業員の給料を高くすることで優秀な人材を雇用して、高い成果をあげることもできる。さらに、もしGICが経済特別区（SEZ：Special Economic Zone）に設置してあれば、利益に対する免税措置を受けられ、その利益はGIC内に留保され、将来の投資に回すことも可能となる。

4. 機密情報がコントロールしやすい

インドITサービス企業は、極めて厳重に機密情報のコントロールをしている。社内に監視カメラを設置したり、支給するパソコンのUSBの機能を使えなくしていたり、USBデバイスの持ち込みも禁止されている。キャンパスに入るときには、空港並みのセキュリティ・チェックを行ったり、顔写真入りの入門証を作成したりするなど、驚くほど徹底している。

ただ、どんなに守秘義務契約を結んでも、外部に業務委託をすると自社の機密情報が漏れてしまうリスクはゼロではない。とくに、特許などの知的財産が流出してしまえば、甚大な損失を被ることになる。自社拠点でも同様ではあるが、外部への業務委託と比べれば、様々な漏えい対策を取ることができる。

5. 複数のインドＩＴサービス企業と効果的なパートナーシップを組める

自社拠点だけで仕事を完結させるメリットをいくつか述べたが、デメリットもある。その一つは、すべてを社員でまかなっていた場合、そのプロジェクトやテーマが縮小したときには、余剰人員を抱えるか社員を解雇する必要があることだ。日本に比べ、はるかに雇用の流動性があるインドとはいえ、大変なことに変わりはない。

しかしインドにＧＩＣがあると、必要に応じて、インドＩＴサービス企業に、適切な専門性を持った人材の派遣をお願いすることもできる。大手のＩＴサービス企業であれば、一〇〇人程度ならすぐに調達が可能だ。自社拠点でコア業務を手がけ、インドＩＴサービス企業にはノンコア業務を担当してもらうこともできる。もちろん、自社拠点を構えていなければ、このような使い分けはできない。自社拠点があるからこそ、選択肢は広がる。

6. グローバル・スタンダードに近く、日本企業側の業務改革につながる

インドＩＴ業界は、欧米企業を相手に仕事をしており、業務の進め方が欧米型で、グロー

バル・スタンダードに近い。日本企業にとってインドにGICを設置して活用することは、大変なチャレンジでもあるが、業務改革をするいいチャンスとなる。英語でのやり取りは当然だが、日本的な「あうんの呼吸」「行間を読む」は当然通用しない。まったく文化の異なる環境で、相互理解をしながら仕事をすることで、日本企業として得られるものは多い。若手人材を送り込むことで、人材育成にも活用できる。

7．リバース・イノベーション

詳しくは第6章で解説するが、最近では、先進国ではなく、インドなどの発展途上国で生まれたイノベーション、すなわちリバース・イノベーションが、全世界に広まる例が出てきている。

なぜ発展途上国でイノベーションが生まれるのか。その要因はいくつかあるが、大きな要因は、インフラが未整備といった過酷な条件の中で考えると、今までにないアイデアが浮かびやすいことである。多種多様な人々が生活し、混沌としているインドは、そのインキュベーション施設としてはうってつけというわけだ。リバース・イノベーションを生み出すには、たまに出張で行くよりも、現地にしっかりと拠点を構えて腰を据えて考えたほうが、その可能性は高まる。

韓国勢、中国勢も大規模な拠点を設置

以上のようなメリットが期待できることから、現在のバンガロールには、世界中から多様な業種の企業が集まり、大規模な研究開発拠点を設置している。なかでもＩＴ業界に関しては、第1章の冒頭でも述べたように、主要企業はほぼ勢揃いしている。

たとえば、マイクロソフトは、バンガロールには複数の組織を持っているが、その中にはマイクロソフトリサーチという研究所が含まれる。ハイデラバードには、大規模な開発拠点を設置している。インド全体では八〇〇〇人規模とのことである。

グーグルは、数百人規模の開発拠点をバンガロールに設置している。ここで開発された「Map Maker」（ユーザーの協力により、ランドマークを追加して、地図を作成するツール）はインド展開後に世界一九〇カ国に展開され、リバース・イノベーションの例とも言える。また二〇一五年には、ハイデラバードの拠点に新キャンパスを建設し、六五〇〇人の従業員を四年で一万三〇〇〇人に倍増させる計画がメディアで報道された。

アドビシステムズは、バンガロールとデリー郊外のノイダに拠点を構えている。二〇一五年時点で三五〇〇人を抱え、同社のＲ＆Ｄの三分の一を担っており、三〇〇以上のパテント

サムスンの「Samsung R&D Institute Bangalore」は海外最大規模のR&Dセンター

を申請している。アドビ製品では、InDesign、Illustrator、Photoshop Elementsなどがインドで開発されているとのことである。最近では、アドビ・クラウド製品やＡＩ製品へも大きく貢献しているようだ。

韓国勢では、サムスンがインドの三カ所にＲ＆Ｄセンターを設置している。なかでも、一九九六年に設立されたバンガロールの拠点は、「Samsung R&D Institute Bangalore」と呼ばれ、サムスンにとって海外最大規模のＲ＆Ｄセンターとなっており、三〇〇〇人の技術者を雇用しているとのことだ。ＩＩＴ卒業のトップ人材を毎年百人単位で採用することもメディアで話題になる。博士号を取得した人材も数十人確保しており、ハイレベルな研究開発に貢献しているようだ。

中国勢では、通信機器メーカーのファーウェイ（華為技術）が以前から拠点を持っていたが、一・

七億ドルの投資をして、二〇一五年に五〇〇〇人規模のキャンパスをバンガロール郊外に新たにオープンした。ファーウェイとしては、中国以外で最大規模とのことである。

なお、ソニーのバンガロールの開発拠点「ソニー・インディア・ソフトウェア・センター」では、製品向けソフトウェア開発と社内ＩＴシステムなどの開発を行なっており、千数百名規模となっている。日本以外では最大規模である。

独インダストリー4・0、米インダストリアル・インターネットの主要企業はすべてバンガロールに

世界でＩｏＴを推進する主要グローバル企業は、以前からバンガロールに大規模なＧＩＣを設置している。各社とも数千人から一万人以上の人員を抱えており、組織としての成熟度も高く、高い技術レベルの研究開発から製品開発をバンガロールで行っている。各社とも、様々な分野の開発に関わっているが、今やＩｏＴが重要な分野になりつつある。

ドイツのインダストリー４・０の推進企業としては、ボッシュ、シーメンス、メルセデス・ベンツ、ＳＡＰがＧＩＣを設置している。

ボッシュ（Robert Bosch Engineering and Business Solutions）はバンガロールとコインバートル

バンガロールにあるボッシュのメインの開発拠点。さらにこの拠点から、ベトナムやメキシコの拠点をマネージメントしている。同社はインド全体で約2万人を雇用（2017年時点）。

に拠点を構え、二〇一七年時点で合計二万人を雇用している。ボッシュとしてはドイツ以外では最大規模の開発拠点であり、エンド・ツー・エンドのエンジニアリング、IT、ビジネス・ソリューションなど幅広い開発が行われている。五〇〇件以上の特許申請もしている。さらに最近は、このインド拠点からベトナムのホーチミンやメキシコのグアダラハラへ拠点展開もしている。

二〇一五年の十月には、モディ首相とともにドイツのメルケル首相がバンガロールを訪問し、バンガロールを代表するドイツ企業として唯一、ボッシュのこの拠点を訪問したことからも、いかに重要拠点であるかが想像できる。なお、この訪問時に、両首相が参加の「Digitizing Tomorrow Together」というテーマのイベントが開催され、ドイツの推進するインダストリー4・0やインドの推進する「Make in India」「Digital India」や「Smart city projects」において、インドとドイツの連携が語られた。

メルセデス・ベンツは、ドイツ以外で最大規模の研究開発拠点（Mercedes-Benz Research and Development India）をバンガロールに設置している。一九九六年に一〇人でスタートし、二十年後の二〇一六年には三五〇〇人規模となっている。このセンターから五〇〇件の特許申請がされている。

シーメンスは、バンガロールで三〇〇〇人のソフトウェア技術者を雇用し、同拠点はソフトウェアを中心として、シーメンスのグローバル・ビジネスに貢献している。

SAPも、一九九八年からバンガロールにSAP Labs Indiaを設置しており、現在では、バンガロール、グルガオン、プネの三拠点で合計七三〇〇人を雇用し、ドイツ以外では最大規模となっている。現在も毎年一〇〇〇人規模で拡大している。もともとインド特有のローカライゼーションを行っていたが、二〇一〇年以降は、多くのグローバル製品の開発を手がけており戦略的な拠点となっている。

一方、アメリカのインダストリアル・インターネットの推進企業では、GE、シスコ、インテルなどのGICがある。

シスコは1万人規模の拠点を持ち、「第2ヘッドクォーター」と呼んでいる。

GEは、二〇〇〇年に当時のCEOであったジャック・ウェルチの名前を冠した「John F. Welch Technology Center」を開設した。アメリカ以外では最大規模の研究開発センターで、五〇〇〇人規模の技術者や研究者を抱え、エネルギー、運輸、ヘルスケアなどの最先端の研究開発が行われている。

最近、GEはIoTプラットフォームとして、「Predix」を開発、推進しており、Predixベースのソフトウェアビジネスを二〇一六年の六〇億ドルから、二〇二〇年に一五〇億ドルにするとしている。そのため、二〇一六年末に、バンガロールに「Digital Hub」を立ち上げ、現在一五〇〇人のIT、ソフトウェアエンジニアをさらに一〇〇〇人追加して、二五〇〇人規模にする計画を発表しており、グローバルなI oT戦略において重要な役割を担っている。

シスコは、一万人規模の拠点を持ち、第二ヘッドクォーターと呼んでいる。ほぼすべての製品群に関わっているが、製品によっては、インドですべて開発、商品化をしているようだ。また、インド国内でのスマートシティやIoTプロジェクトに積極的に関わっている。

インテルは、サーバー・プロセッサーの「XEON」をはじめ、様々なインテル製品の開発に関わっている。現時点ではバンガロールを中心にインド全体で八〇〇〇人を雇用しているが、二〇一七年には新たな投資が発表され、さらに三〇〇〇人増えることになり、その結果、アメリカ以外ではイスラエルを抜いて最大規模の拠点となるとのことだ。

私自身、前記の会社をすべて訪問する機会があったが、社内向けのオフショア拠点というより、グローバル戦略やインド戦略など、重要な戦略的役割を果たしているのは明らかだ。

IoT時代に向けて、デバイスからソフトウェア、クラウド、データ・アナリティクス、AIなどの重要性が増す中で、インド拠点の役割が大きくなっている。周りのインドITサービス企業も含め、世界のIoT技術、ビジネスの情報はバンガロールに集まっている。

IT以外の業種や新興企業も次々とバンガロールに進出

IT業界以外の企業でも、バンガロールに拠点を構えている企業は多い。

金融では、ゴールドマン・サックス、モルガン・スタンレー、フィデリティー、ウェルズ・ファーゴ、オーストラリア・ニュージーランド銀行などは、ほとんど数千人規模だ。

二〇一五年には、世界最大の決済ネットワークを提供するビザが、バンガロールにイノベーション・ラボを開設した。一〇〇〇人規模を目指している。ここでは、モバイル向けの決済ソリューションをメインに取り組むが、現在、アメリカ、シンガポールにあるブロックチェーン技術の研究チームとも連携した研究開発も行うとしている。なお、ビザ本社の技術分野のトップであるラジャ・タネジャ氏（Rajat Taneja）は、インドの大学を卒業後に、アメリカのマイクロソフト、エレクトロニック・アーツで技術分野の要職を務めたのち、二〇一三年より、ビザの技術分野のトップ（Executive Vice President of Technology）に就任している。こういったインド人材の存在がインドの研究開発拠点の展開を容易にしている。

リテーラー（小売）では、アメリカのウォルマートやターゲット、イギリスのテスコなどが拠点を構えている。

ウォルマートは、アメリカに本社を置く世界最大のスーパーマーケット・チェーンである。二〇一一年にバンガロールにウォルマート・ラボを設置した。最近、ウォルマートはアマゾンに対抗してeコマースのビジネスを急拡大しているが、バンガロールのラボでは、企業戦略である最低価格を実現するための価格分析、ＡＩ技術を活用して価格を自動決定するプラットフォーム開発、また、流通の最適化など、デジタル時代の最先端分野の業務が行われており、二〇一七年時点で一二〇〇人規模とのことだ。

ターゲットは全米第二位のディスカウント・ストアだ。バンガロールの拠点は、ミネアポリスにある本社に次ぐ第二のヘッドクォーターと位置づけており、二八〇〇人の従業員を雇用し、システム開発だけではなく、デジタル・マーケティングなどのデータ分析も行っている。アメリカ本社でも、データサイエンティストを集めるのはなかなか難しく、バンガロールで優秀な人材を集め、育成し活用している。

航空機産業では、ボーイング、エアバス、ロールス・ロイスなども開発拠点を構えている。これは、インドの航空機産業の政府機関や企業がバンガロールに多いことも影響していると思われる。二〇一七年七月にボーイングは、今後二十年間でインドから最大で二一〇〇機（総額二九〇〇億ドル規模）を受注する見通しと発表している。まさに爆発する市場において、開発拠点の重要性はますます大きくなる。

二〇一四年以降に、バンガロールに拠点が開設された企業を挙げると、エクソン・モービル（アメリカの石油メジャー）、カーギル（アメリカの穀物メジャー）、ビクトリアズ・シークレット（アメリカのファッション・ブランド）、ロウズ（アメリカの住宅リフォーム・生活家電チェーン)、JCペニー(アメリカの百貨店チェーン)、CMEグループ(アメリカのデリバティブ取引所運営会社)、ブリティシュ・テレコム(イギリスの電気通信事業者)と、業種も様々だ。

二〇一六年には、インドのオーラ(OLA)と熾烈な競争をしている、アメリカのユニコーン企業のウーバーが開発拠点を開設した。さらに二〇一七年には、同業で、東南アジアでビジネス展開をするマレーシア発のグラブタクシー(GrabTaxi)、インドネシア発のゴジェック(GO-JEK)も、インドではビジネス展開をしていないが開発拠点の設置を発表した。ともに急成長中のユニコーン企業だけに、動きも早い。

もはや、すべての業種の企業にとってIT技術の重要性が増す中、バンガロールに拠点を作る流れは当面は止まらない状況だ。

ブロックチェーン技術に対するインドIT業界の動き

今、世界的にブロックチェーン技術が注目されている。日本でも大きな話題になっているが、想像以上にインドIT業界の動きは早い。

二〇一五年二月、ムンバイで開催されたNASSCOM最大のイベント、NASSCOM

India Leadership Forum（NILF）のスピーチで、インドITサービス企業のトップがブロックチェーンの可能性を熱く語ったのが印象的だった。

インドのITサービス企業は、世界の金融関係の企業からITシステム開発の業務を請け負っており、金融システムに関しては熟知している。ブロックチェーンに対するカスタマーの関心にも極めて敏感だ。技術はオープンソースで公開されており、各社とも社内に研究開発チームを立ち上げ、技術を把握し、可能性も十分に確信している。すでに、ブロックチェーン技術を活用した様々なパイロット・プロジェクトやPOC（Proof of Concept）の開発を顧客向けのサービスとして提供しているほどだ。

インド最大のITサービス企業であるTCSでは、二〇一六年時点で一〇〇件のプロジェクトがすでに進行していた。また、金融ビジネスに強いインフォシスは、二〇一七年で五〇件のパイロット・プロジェクトが進行中で、五〇〇人の専門家と、一〇〇〇人のコンサルタントを抱えているという。ウィプロは、九つのブロックチェーンのソリューションを発表した。これは、ウィプロのブロックチェーン・イノベーション・ラボにて、顧客と共同開発したものだ。

ブロックチェーン技術を強力に推進しているIBMは、オープンソースのブロックチェーン技術推進コミュニティー「Hyperledger Project（ハイパーレッジャー・プロジェクト）」のメンバーとしてハイパーレッジャー・ファブリックの開発に携わり、実用化に向けた様々な取り組みを行っている。とくに、バンガロールのＩＢＭリサーチ・ラボはブロックチェーン技術の重要な拠点の一つとして、この開発に当初から関わっており、この技術を応用して、世界の顧客向けのアプリケーション開発にも貢献しているとのことだ。二〇一二年から二〇一五年までバンガロールのＩＢＭリサーチ・ラボの所長をしていた、ラメッシュ・ゴピナット氏（Ramesh Gopinath）は現在、アメリカのＩＢＭワトソン研究所で「Blockchain Solutions and Research」のＶＰ（Vice President）を務めている。

二〇一五年にバンガロールに開発拠点を設置したビザも、ブロックチェーンの研究開発を開始している。

さらに、ブロックチェーンのスタートアップも次々に登場している。関連のコンファレンスやミート・アップも頻繁に開催されている状況だ。

インド政府は、二〇一六年末には高額紙幣の廃止を発表し、キャッシュレス社会を推進しているが、インドの銀行でも様々なトライアルを開始している。

インドＩＴ業界は、世界中の様々なＩＴシステム開発の実績を持つ。さらにブロックチェーンに関しても顧客の声を聞き、オープンソースで提供されるブロックチェーン技術を理解する人材を育成し、様々な経験と実績を急速に積み上げている。

アップルはハイデラバードにGIC展開

欧米のグローバルIT企業のほとんどが、インドにGICを設置している中、なぜかその名前を見ない超有名なアメリカのIT企業があった。それが売上、利益ともに最高潮に達しているアップルである。マイクロソフト、グーグル、アマゾン、フェイスブックなど、世界の注目のIT企業が、インドのバンガロールかハイデラバードでGIC展開し、規模拡大をする中、なぜかアップルはいなかった。

スティーブ・ジョブズは、アップルの創業前の一九七〇年代に、友人とインドに精神的な悟りを求めて、数カ月滞在していたらしい。その滞在がきっかけでアップルを創業したとも言われている。ただ、なぜかジョブズは、その後はインドとの関わりは持たなかったように見える。

しかし、ジョブズは、フェイスブック創業時のマーク・ザッカーバーグから会社の将来に関しての相談を受けたときに、インドのウッタラーカンド州にあるカインチ・ダム寺院(Kainchi Dham)を訪問することを勧め、ザッカーバーグは実際に訪問し、フェイスブックのミッションを確信したという。ジョブズは、少なくともインドのスピリチュアル面への興味は持ち続けていたようだ。

二〇一一年にジョブズが亡くなり、二〇一二年にアップルのCIO（最高情報責任者）がバンガロールのインフォシス、ウィプロを訪問し、メディアで話題になった。報道によれば、その時点でも、すでに一億ドル規模をインドへアウトソースしていたことが明らかになった。その後数年で四億ドルまで拡大するとのことであった。実際に、その後、インフォシスに一四〇〇人のODC（オフショア開発センター）の拠点が設置されたとのことだ。

二〇〇七年に、iPhoneが世界で発売された。私が着任した二〇〇八年当時は、ノキアの携帯電話がトップ・シェアであった。一方、IT業界のマネージメントには、ブラックベリーが大人気であった。

その後、サムスンやインドのスマートフォン・メーカーが低価格帯アンドロイドのスマートフォンを販売したことで、インドではアンドロイド・スマートフォンが圧倒的に主流となっている。最近では、中国勢のシェアが急伸している。アップルのiPhoneは販売されてはいるが、ハイエンドのスマートフォン市場では高いシェアを獲得しているものの、全体では二~三%程度で低いシェアのままであった。しかも、今まではアップル自体も特別な戦略を打ち出さなかった。

アップルは二〇一六年に突然動き出した。二〇一六年二月には、ハイデラバードに四〇〇〇人規模の開発センター開設の計画が明らかになり、同年後半にオープンした。ここでは、デジタルマップのアプリの開発を行うとしている。

ハイデラバードには、マイクロソフト、グーグル、フェイスブックなどの開発拠点があり、バンガロールに次ぐ、グローバルIT企業の開発拠点の集積地でもある。

バンガロール製iPhoneが発売された

二〇一七年六月、バンガロール製のiPhoneが発売された。

アップルの製造パートナー企業、ウイストロンのバンガロール工場でアセンブリ（組立作業が）された製品だ。インドでは、iPhoneは以前から販売されていたが、すべて中国生産で輸入されたものだった。

今回、バンガロールで生産されたのは、最新モデルのiPhoneではなく、二〇一六年に発売されたiPhone SEだ。まだトライアル生産で、数も限られており、すでに販売されている中国生産のiPhone SEと値段も変わらないが、アップルにとっては大きな一歩を踏み出した。

二〇一六年五月にアップルのティム・クックCEOはインドを初めて訪問、モディ首相と面談し、インド戦略を強化するために様々な要請を行った。背景には、アップル全体の売上の伸び悩みと、インドへの期待があった。二〇一六年一月〜三月期において、ｉＰｈｏｎｅの販売台数は二〇〇七年の発売以来初めて減少し、全体の売上も十三年ぶりに減少した。そんななかでも、唯一インドは前年同期比五六％も成長していたのである。

また、ＬＴＥネットワークのインフラが整ったことから、「これからはインドだ」と考えたようだ。このバンガロールでのｉＰｈｏｎｅ ＳＥの生産は、モディ首相の推進する「Make in India（インドで作ろう）」に応える戦略の一つだった。

二〇一七年三月には、アップルとしては世界でも初めてバンガロールにアプリ開発支援センター「App Accelerator」を開設して、ｉＯＳの開発支援を開始した。毎週五〇〇人の開発者に個別の支援をしている。

二〇一七年六月のモディ首相の訪米時に、ティム・クックＣＥＯは、アップルによる「App Economy（アップ・エコノミー）」はインドに七四万人の雇用を創出しており、App Store のアプリの中で、二〇一六年にインドの開発者により開発されたものが前年度比で五七％も増加し、約一〇万本になることを明かし、インドの重要性をアピールした。

インド戦略がアップルの将来を左右する

世界のスマートフォン販売で、サムスンに次いで第二位のアップルが、次々とインド戦略を打ち出している。バンガロールでは生産とiOSアプリ開発支援センターの設置、ハイデラバードではデジタルマップの開発拠点の設置などである。

スティーブ・ジョブズの伝記によると、ジョブズはトルコのイスタンブールを訪問したときに、ある啓示を受けたという。

「丸一日、イスタンブールを歩いて、そのあいだにたくさんの若者を見たよ。みんな、ほかの国の若い連中と同じモノを飲んでいたし、ギャップあたりで売っていそうな服を着ていたし、みんな、携帯電話を使っていた。ほかの国の若者にそっくりなんだ。つまり、若い連中にとって世界はどこも同じ、そういうことなんだ。僕らが作る製品も、トルコ電話なんてものもなければ、ほかの地域と違ってトルコの若者だけが欲しがる音楽プレイヤーなんてものもない。いま、世界はひとつなんだ。」（出典：『スティーブ・ジョブズ Ⅱ』ウォルター・アイザックソン著／講談社）

というものだ。

確かに、アップルが同一モデルを世界で販売し、世界中の多くの若者に支持されたのは事実である。このグローバルでの同一モデル戦略は、多くの先進国や中国でも成功し、世界最大の時価総額の会社にまで成長した。しかし、インドでは成功していない。

インドのスマートフォン市場は、二〇一六年時点ですでに中国、アメリカに次ぐ規模にまで成長しており、二〇一七年にはアメリカを抜いたと言われている。また、熾烈な競争の中、サムスンが二五％のトップ・シェアで、それを中国勢、インド勢が追いかけている。すべてグーグルの開発するアンドロイドOS搭載だ。各社とも、爆発するインド市場の中間層にフォーカスした、一〇〇～二〇〇ドルの低価格帯から、先進国でも販売されているハイエンド製品まで投入している。また、インド特有のニーズに応える、デュアルSIMモデル（二枚のSIMカードが入る）も揃えている。

世界市場でもインド市場でもトップ・シェアのサムスンは、以前からバンガロールに開発拠点を持ち、数千人規模の技術者を抱え、グローバル・モデルやインド・モデルのスマートフォンの開発にも関わっているようだ。技術者たちからの現地の情報やアイデアは商品戦略へ反映されているのは間違いない。

アンドロイドOSを開発するグーグルは、バンガロールとハイデラバードに何年も前から開発拠点を持っている。

アップルがついに動き出したが、かなり出遅れている。インド戦略が、アップルの将来に大きく影響を与えるのは間違いない。

世界最大の時価総額を誇り、資金も豊富なアップルがいかにインド市場で戦っていくのか。グローバル・モデルだけでは爆発するインド市場でシェアを獲得できない。これからアップルのインド開発拠点、ＧＩＣの戦略的な役割がますます重要となってくるのは明らかだ。

ＧＩＣ間の相互交流がレベルアップをさらに加速させる

世界のＩＴ業界を代表する企業や、ＩＴ技術を積極的に活用する企業の多くが、バンガロールにＧＩＣ、すなわち開発拠点を持っている。その規模は、本社以外では最大規模の開発拠点になっている企業も多い。そういった開発拠点同士も様々な形で、現地で盛んに交流が行われている。

ＩＴ業界団体であるＮＡＳＳＣＯＭやＲ＆ＤコンサルタントであるＺＩＮＮＯＶ社主催で、ＧＩＣに関するコンファレンスが定期的に開催される。参加者は、その責任者や関係者たちだ。業種は様々だが、名前はよく知られる有名企業ばかりだ。当然、それぞれの本社とは太いパイプを持ち、本社のビジネス状況やR&D戦略にも精通している。

コンファレンスでは、世界の様々な最新トレンドが紹介され、様々なテーマのパネルセッションを通じて、いろいろ意見交換がされる。開発拠点の組織運営、人材育成やリーダーシップも共通の話題となる。高度なシステムのアーキテクチャーが構築できるアーキテクト人材の育成も重要なテーマとなっている。インドでは優秀な若い人材はたくさんいても、本社のように専門性が高いアーキテクト人材はまだまだ少ないからだ。また、インドから付加価値の高い成果を出し、企業のイノベーション戦略に貢献をしていくことや、インドが抱える様々な課題を最新のテクノロジーで解決し、新規ビジネスを立ち上げていくこともホットな話題だ。

すでにインドの開発拠点から、提案、開発された技術、製品、サービスが本社で採用され世界展開されるケースも出ており、各社のベスト・プラクティスや成功例が積極的に共有される。日本のコンファレンスとは異なり、オープンに議論され、質疑応答も極めて活発だ。スピーカーやパネリストも事前に用意された原稿を見ながら話をする人はなく、自分の言葉で語る。夜にはネットワーキング・パーティが開催され、いろいろ情報交換がされる。世界的な企業の動向もインフォーマルな会話の中で知ることができる。これらのイベントの参加者は、ほとんどインド人で、一部は欧米人がいても、日本人を見かけることは極めて少ない。日本企業の拠点数が少ないうえに、積極的に参加する日本人が少ないのが実情だ。

私は、それ以外にも、異業種の開発拠点の責任者の交流会に誘われ、四半期に一度程度、土曜日の朝に朝食をとりながら、意見交換する会合にもよく参加した。各社のオフィスで持ち回りで開催され、各社の組織運営や活動内容など参考になることも多かった。業種が異なっても、世界を代表する企業のインドの開発拠点のトップは、技術にも強く、組織マネージメントにも長《た》け、欧米経験の豊富なグローバル人材ばかりで、極めて刺激的だった。

日本でも、業界のコンファレンスや技術に関するコンファレンスは多数開催されているが、業界や技術を超えて、世界を代表する企業の開発拠点同士が意見交換をして、刺激をし合う環境はあまり知らない。世界中の開発拠点が集積しているインドのバンガロールならではのことだと思う。

こういったインドのGIC間での相互交流が、それぞれの組織のレベルアップや成長を加速させている。さらに、そういった動きが、それぞれの本社のR&D戦略、デジタル戦略、新規ビジネスに与える影響力も、ますます大きなものとなっている。

日本企業はIT技術のインパクトを過小評価している

日本企業のグローバル・ビジネスにおける競争相手の多くは、インドに開発拠点を設置したり、インドITサービス企業とパートナーシップを組んだりして、最新IT技術を積極的に活用している。その一方で、日本企業の動きは鈍い。

日本企業のGICの数は少なく四〇社程度で、規模も数十人から数百人クラスが多い。日本のITサービス会社も複数進出しているが、IBM、アクセンチュアなどの欧米ITサービス会社に比べても、規模は小さい。インド拠点の設立の背景も、「アメリカ企業を買収したところ、インド拠点が付いてきた」ということが少なくなく、業務は日本向けではなく欧米向けが中心となっている。

日本からインドを活用できている企業は少ない。その理由の一つとして、日本企業は今のインドIT業界に劇的な変化が起こっていることにまったく気がついていないことがある。もっとそれ以前に、IT技術の重要性と、その最先端を走るインドのIT業界を活用する必要性を感じていない、というのが正しいかもしれない。

ある程度の規模の会社であればIT部門を持っているが、あくまでも社内システムの開発を受け持つサポート部門の位置づけであることが多い。また、企業の製品やサービスにおいて、IT技術の比重が増えてはいても、それこそがコアであるとは考えていない。要するに、日本企業はIT技術のビジネス、製品、サービスへのインパクトを過小評価していると言ってもいい。

日本企業は、ほとんど日本で、研究開発や製品設計を行っている。インド向け製品に関しても、世界中に設立した販売会社からの情報に基づき、世界の商品戦略を考えながら、その中で商品設計を行う。この従来のモデルでは、爆発するインド市場で戦うのは難しくなってきている。まして、製品開発の中でＩＴが占める割合は増えているのである。競争相手のグローバル企業は、現地で情報を入手し、現地で研究、開発、商品化をしている。競争相手は、グローバル企業のインド開発拠点になっているのだ。

このように、巨大化し続けるインドのＩＴサービス企業と、大規模な自社開発拠点を構える外資系企業が、インド、とくにバンガロールにはひしめき合っている。これらが互いに切磋琢磨し合うことで、バンガロールのレベルをますます引き上げている。

以上が、現在のバンガロールの概況だが、その輪郭が伝わっただろうか。第１章でアンドロイドの話をしたが、このような街に身を置けば、これからのＩＴだけでなく、世の中全体の次の動きがいち早く見えてくるというのも、大げさではないことがおわかりいただけただろう。

さらに最近は、バンガロールで、新たな動きが見られるようになっている。それは、スタートアップが次々と誕生していることだ。今や、その勢いはシリコンバレーに次ぐレベルに達しようとしている。一体、何が起きているのだろうか。最新情報を第4章でレポートしよう。

第4章

インドのスタートアップ

アメリカのＩＴの雄は
なぜインドのスタートアップに目をつけたのか

グーグル、ヤフー、フェイスブック。

アメリカの世界的なＩＴ企業が、二〇一四年に、ある共通した行動をバンガロールでとり、話題になった。

それは、バンガロールの有望なスタートアップ企業を買収していったことだ。

まず、二〇一四年一月に、インペリミウムがグーグルによって買収された。同社は、二〇一一年に起業し、ウェブサイトのスパム防止やアカウント保護といった非常にニッチなサービスを手がけていた企業で、買収金額は約九〇〇万ドルだった。

同じく一月に、フェイスブックに買収されたのが、リトルアイラボ。モバイルアプリの最適化ツールを作る会社として二〇一三年に起業し、社員数名の会社であるが、買収金額は一五〇〇万ドルだった。

そして九月に、ヤフーに買収されたのが、ブックパッドだ。二〇一三年にＩＩＴの卒業生三人で起業し、グーグルドキュメントのようなオンラインドキュメント編集ができるソフトを開発していた企業である。買収金額は、リトルアイラボと同じ、一五〇〇万ドル。この会社も、買収当時、社員は八人程度であった。この会社にはヤフーのほかにも、アメリカの二つの会社が買収の申し出をしていたという。

ご紹介した三社のスタートアップは、いずれも、私が住んでいたバンガロールのコラマンガラのアパートから歩いて、十分から二十分ほどの範囲にあった。こんな近所のスタートアップを世界的な有名IT企業が買収したことに、私は驚いた。

実は、このコラマンガラという地域は、住宅街ではあるが、バンガロールの中でもとくにスタートアップが多い地域であった。確かにこのあたりのコーヒーショップへ行くと、何人かの若者がパソコンを操作しながら話している姿をよく見かけていたが、ほとんどがスタートアップだったのだ。

このように近年、アメリカのIT企業がインドの有望なスタートアップを静かに買収している。ただ、買収金額がそれほど大きくないので話題になることもなく、あまり知られていない。もともとアメリカのIT企業は、成長のために世界中の有望スタートアップ企業の情報を集めて積極的に買収しているが、すでにバンガロールのスタートアップにも目をつけているのだ。

第2章、第3章では、インド、とりわけバンガロールが、オフショア開発拠点から、上流工程も手がける高度な開発拠点に進化したことをお話ししたが、バンガロールの変化はそれだけではない。今やバンガロールは、世界的なスタートアップのハブとしても脚光を浴び始めている。多くの世界的なベンチャーキャピタル（以下VC）が進出し、毎月のようにスタートアップイベントが開催されている。また、インドITサービス企業や欧米企業の自社開発拠点でも、イノベーション戦略として、スタートアップの積極的な活用に取り組んでいる。

第4章では、活気づくインドのスタートアップ事情について紹介する。

スタートアップの数は六年で一〇倍に増加

ここ数年、インドのスタートアップ数が急増している。NASSCOMの資料によると、二〇一六年時点で、インドのスタートアップ数は、四七〇〇〜四九〇〇社である。この数字は、テクノロジー・スタートアップの数である。他国と比べると、アメリカ（五万二〇〇〇〜五万三〇〇〇社）は別格としても、二位のイギリス（四九〇〇〜五二〇〇社）に次いで第三位である。第四位はイスラエル（四五〇〇〜四六〇〇社）となる。

■ テクノロジー・スタートアップ数

●国別比較(2016年時点)

アメリカ	52,000 ～ 53,000 社
イギリス	4,900 ～ 5,200 社
インド	**4,700 ～ 4,900 社**
イスラエル	4,500 ～ 4,600 社
中国	4,200 社

すでに
世界第3位

●インドのスタートアップ数の推移

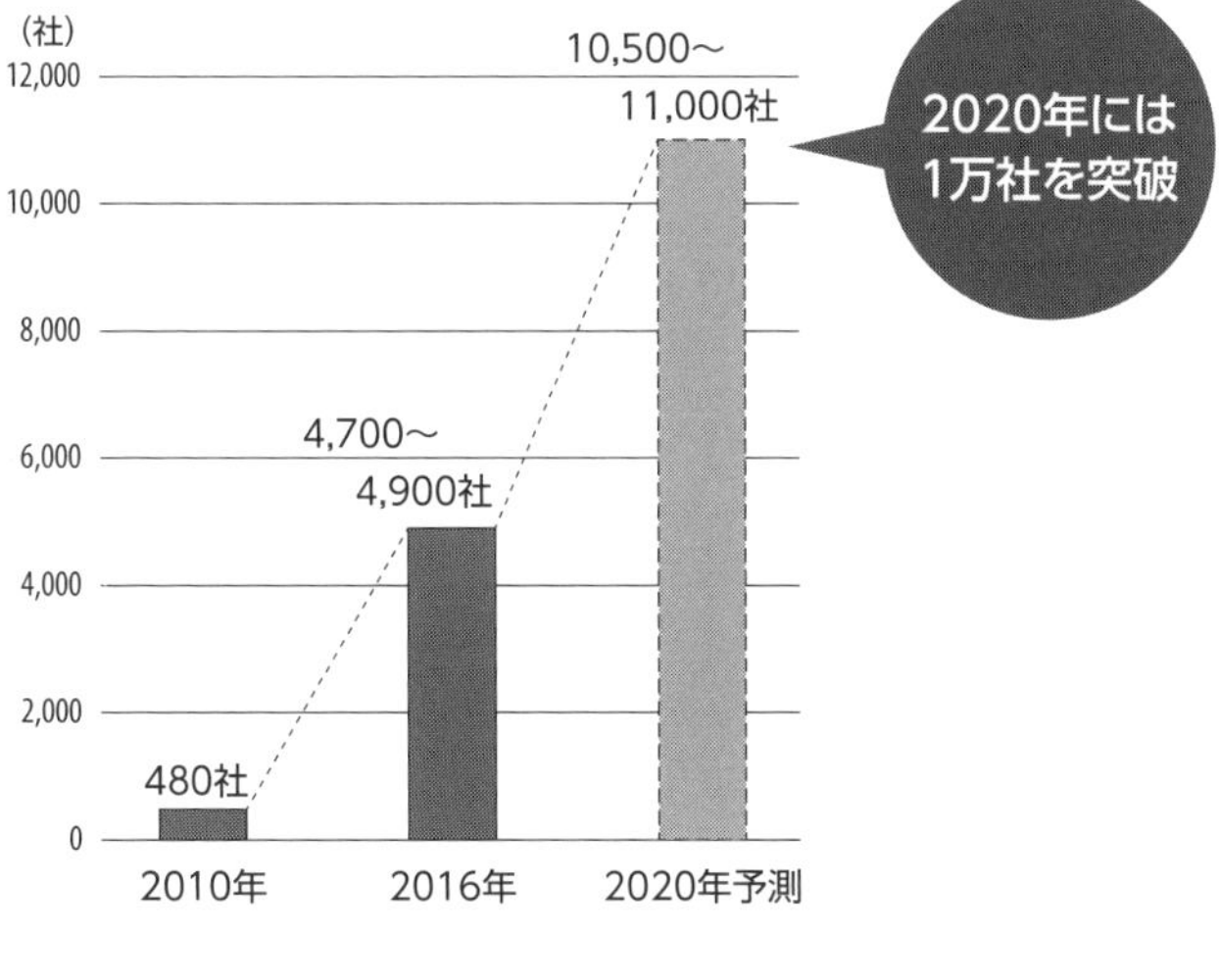

出典:NASSCOM

インドのスタートアップ数は、二〇一〇年の時点ではわずか四八〇社にすぎなかった。六年ほどで一〇倍に増えたわけだ。二〇一六年だけでも一四〇〇社も新たに誕生している。さらに二〇二〇年には、一万五〇〇〜一万一〇〇〇社に達すると予測している（一二三ページの図参照）。アメリカに次ぐ、世界第二位のスタートアップ大国になるのは間違いない。

インドのスタートアップは先進国と比べてレベルが低いという議論もあるが、玉石混淆《こんこう》の中から、世界的にも光り輝く企業が出てくると期待されている。

インドのスタートアップの数は、地域別に見るとバンガロールが最も多く、一三〇〇社。次に多いのがデリーで一一七五社、ムンバイが八〇〇社で、この三都市で七〇％を占める。そのほか、ハイデラバード（四〇〇社）、プネ（三〇〇社）、チェンナイ（二七五社）と続く。基本的には、ＩＴ企業の集積度と比例して、スタートアップが生まれてきているようだ。

スタートアップの業種は、現在のトレンドが色濃く反映されている。

多いのはクラウドコンピューティング、ビッグデータ＆アナリティクス、エデュケーション、アドバタイズメント、ヘルスケアなどで、最近では、フィンテック、ＩｏＴ、ＡＩ、ブロックチェーンも増えており、多様な分野にチャレンジしていると言ってよいだろう。

インドでスタートアップが増えた背景とは？

なぜ、インドでこれほどスタートアップが増えているのか？

一般的には、インド経済が成長し、富裕層だけでなく生活に余裕のある中間層が増えたためと考えられる。彼らの旺盛な購買欲を満たすサービスはまだまだ不足しており、その需要に応えるサービスを始めれば、飛躍的な成功を遂げることができる。そうしたビジネスチャンスがたくさん転がっていれば、目をつける人が増えるのは当然だ。

だが、一番の要因は、スマートフォンの急速な普及により、ネット経由での様々なビジネス提供が可能となったことだ。インドの平均年齢は二十五歳と若く、ほとんどデジタルネイティブ世代であり、スマートフォンの普及とともに潜在的な顧客層が急拡大している。

この状況はどこの新興国でも同様ではあるが、インドが大きく違うのは、豊富な高度ＩＴ人材の存在だ。

以前は、インドの優秀な人材は、ＩＩＴなどのトップ大学で学び、さらにアメリカの大学院やビジネススクールに進学し、卒業後も、そのままアメリカで就職したり、起業をしたりする人が多かった。インドに戻っても、魅力的な仕事に就くことができなかったからだ。

ところが、最近では、インドＩＴ業界のレベルが上がり、インドのＩＴサービス企業だけでなく、名だたる外資系企業の研究開発拠点が置かれるようになった。それによって、インドでも様々な、魅力的な研究開発の仕事にも就け、将来のキャリアプランを描けるようになった。その結果、優秀な若者がアメリカに行かず、インドにとどまる傾向が出てきている。また、アメリカで学んでも、卒業後にインドに戻る人が増えている。

こうした高度ＩＴ人材の中から、起業家精神のある人材が、最新ＩＴテクノロジーを駆使して、スタートアップにチャレンジしているのである。

また、スタートアップを立ち上げる際の初期費用が劇的に下がったことも大きい。今はパソコンとスマートフォンとクラウド環境さえあればどこでも開発ができ、少人数でオープンソースを活用してプロトタイプを開発してサービスを開始することもできてしまう。

さらに、インドの生活費の安さも起業を後押しする。最近はバンガロールにも高級レストランや高級アパートが増え、贅沢をすれば先進国並みの生活費はかかるが、一般に、学生や若い人たちの生活費は先進国の数分の一程度で済んでしまう。インドのローカル・レストランでのランチだと一〇〇円程度で済ませられる。月に数万円もあれば、十分暮らすことが可能だ。インドのＩＴ企業に数年間勤め、そのお金の一部を貯めておけば、起業後しばらく無収入が続いたとしても、生活に困ることはない。しかもスタートアップがうまくいかなくても、優秀なIT人材は、いくらでも就職口はあるのである。そうなれば、優秀な人材ほど起業にチャレンジすることになる。

NASSCOMのスタートアップ・ウェアハウス（一三三ページ参照）の壁には、こんなことが書かれている。

「LIFE IS TOO SHORT. START-UP」（人生は短い。さあスタートアップだ）

こんな言葉もインドの若者を駆り立てている。

充実するスタートアップ・エコシステム

スタートアップが増加している背景には、起業家たちを支えるエコシステムが整ってきたこともある。

たとえば、VCは一八〇社、エンジェル・個人投資家は三五〇人、二〇一六年の投資総額は約四〇億ドルと言われている。この額は、アメリカ（六一〇億ドル）、中国（四八〇億ドル）、ヨーロッパ（一二〇億ドル）に次ぐ投資額となる。イスラエルの二二億ドル、日本のVC投資額一三・五億ドルを上回る。

アメリカの代表的なVCであるタイガー・グローバル、アクセル・パートナーズやセコイア・キャピタルなどは、バンガロールに拠点を持っている。それ以外にも、キャピタルG（前グーグル・キャピタル）、インテル・キャピタル、シスコ・インベストメント、クアルコム・ベンチャーズなどアメリカIT企業の投資会社（コーポレート・ベンチャー・キャピタル：CVC）もインドで積極的な投資活動を行っている。インド投資責任者は、シリコンバレーでVCをしていた人も多く、アメリカをはじめとしてグローバルな経験を持ち、IT技術トレンドや投資戦略を熟知しているインド人だ。

インドのスタートアップブームはここ数年の現象であり、ほとんどのスタートアップの創業者にとって初めての経験である。数は多いがそのレベルは玉石混淆だ。どこかで聞いたようなビジネスモデル、思い込みだけでソリューションになっていないビジネスで起業しようとしている人も少なくない。そういう起業家たちを、シリコンバレーにおける経験、ネットワークを持ったベンチャーキャピタリストたちが、スクリーニングをしているのだ。

彼らが投資するのは、スタートアップの一％程度。一〇〇〇社の応募があったら、そのうちの一〇社以下だ。しかし、一度支援を決めたら、様々な形で投資や支援、指導をすることで、厳選されたインドのスタートアップは大きく育つ環境が整っている。また、インド市場でテストマーケットを行い、その後、シリコンバレーに精通したVCの支援を受け、アメリカ展開にチャレンジすることも可能だ。

欧米以外のＶＣとしては、台湾企業のフォックスコン、中国企業のアリババ、テンセントも積極的な動きをしている。日本のＶＣは少ないが、ソフトバンクグループが一社としてのインド最大のＶＣ投資を行っている。

また、インド大手ＩＴサービス企業も、ウィプロが一億ドル、インフォシスが五億ドル、テックマヒンドラが一・五億ドルなど、スタートアップファンドを発表している。


エンジェル投資家も急増している。その背景の一つにあるのは、世界を相手にしたアウトソーシングビジネスで自社を大成長させてきたインドＩＴサービス企業の創業者たちが、ここ数年で、次々とリタイアしたことだ。彼らは時価総額にして数百億円の自社株を保有しており、それを原資に、スタートアップに対して投資をしている。また、アメリカで成功したシリアル・アントレプレナー（連続起業家）のインド人によるエンジェル投資も多い。

そうしたエンジェルたちのグローバル・ビジネスでの成功経験や人脈が、インドのスタートアップにとって、金額以上の価値を持っており、成長を後押ししている。

増えるインキュベーターやアクセラレーター

インキュベーターやアクセラレーターが増えたこともまた、スタートアップが増えたことに一役買っている。インキュベーターがアイデアからスタートアップを新たにふ化させる役割を持つのに対し、アクセラレーターは、すでに起業したスタートアップに対して様々な支援を通じて成長を加速させる役割を持つ。

インドでは二〇一六年時点で、インキュベーターやアクセラレーターの拠点が一四〇カ所以上に設置されている。大学系、企業系、政府系など様々な形態がある。多くの有名大学には、インキュベーション・センターが設置されている。

バンガロールでは、インド理科大学院（Indian Institute of Science）、インド経営大学院バンガロール校（Indian Institute of Management Bangalore）などのトップの大学に設置されている。学生や卒業生の起業を支援するため、起業家養成プログラムを提供し、オフィス提供や教授による相談などを行っている。大学は、起業家の養成を重要視し、インドの新規雇用を増やすことを期待しているのだ。

また、欧米企業のアクセラレーター・プログラムも活発だ。バンガロールでは、マイクロソフト、ターゲット、インテル、オラクル、ボッシュ、アップルなど、たくさんの企業が設置している。プログラムの内容は企業によって違いがあるが、多くは応募のスタートアップの中から、厳選した数社をピックアップし、オフィススペースを提供し、メンタリングをしながら、数カ月にわたり支援をする。卒業時にはイベントを行い、VCなどを呼んで、マッチ・メイキングをする。いくつかバンガロールのアクセラレーター・プログラムを紹介しよう。

マイクロソフトは二〇一二年からスタートした。このプログラムは、現在、北京、ベルリン、ロンドン、シアトル、上海、テルアビブでも開催されている。アーリーステージではなく、ビジネス拡大フェーズのスタートアップを中心に支援している。とくに、マイクロソフトの技術を利用でき、世界中のマイクロソフトの企業カスタマーにアプローチできるメリットがある。すでに卒業生は一一五社出ている。

アメリカのリテーラーであるターゲットは、二〇一四年からアクセラレーター・プログラムを始めた。リテーラーのビジネスに役立つと思われるスタートアップが数社選ばれ、四カ月のプログラムに参加する。この会社は、アメリカにしか店舗がない。にもかかわらず、インドのスタートアップがアメリカのリテーラーの問題解決にチャレンジしているのは興味深い。実際のターゲットの経験やニーズを聞き、アメリカの店舗でのテストなどを通じて、アイデアはブラッシュアップできる。ターゲットにとっても、スタートアップのサービスを自社で活用したり、もしくは投資したり、買収するなど、いろいろなメリットがある。

インテルは、インド政府と協力して、Intel India Maker Lab と称して、二〇一五年より、ハードウェアスタートアップの支援を開始した。インテルの持つハードウェア設計環境やツールが提供され、IoTなどハードウェアを含めたイノベーションの創出を推進している。最初の支援先には一四社が選ばれた。

オラクルは、二〇一六年四月に世界でも初めて、バンガロールに Oracle Startup Cloud Accelerator を開設した。今後、インド国内ではデリー、ムンバイ、またインド以外の七カ国の都市にも開設を計画している。

ボッシュは、二〇一六年末から、Bosch DNA Accelerator program という十八週のプログラムを開始した。このプログラムでは、IoT、AI、ブロックチェーンなどの破壊的と言われる技術分野のソリューションを期待しており、すでに一四社のスタートアップが参加している。

アップルは、二〇一七年三月より、バンガロールに App Accelerator を開始した。このプログラムは、スタートアップのビジネス支援ではなく、iOS上のアプリ開発の技術支援をするのが目的だ。圧倒的にアンドロイドのディベロッパーが多いインド人開発者を取り込むのが狙いだ。インドのスタートアップにとっても、グローバルにビジネス展開をするにあたって、iOSプラットフォームの最新技術の習得は大きなメリットとなる。

このように、アクセラレーター・プログラムを企業が行う目的は様々だが、プラットフォームを持っている企業には自社プラットフォームを広める目的や、自社製品やビジネスのイノベーションにスタートアップを活用する目的が多い。スタートアップの囲い込みのような縛りはなく、よりオープンイノベーションを志向している。

NASSCOM10000スタートアップ・プログラム

インドのIT業界団体であるNASSCOMでは、二〇一三年四月からスタートアップ支援のプログラム「NASSCOM10000スタートアップ・プログラム」を実施している。目標は、開始から十年後の二〇二三年に一万社のスタートアップを養成することだ。この数字は、単に登録スタートアップ企業の数ではなく、実際に投資を受け、成長するスタートアップ数である。

NASSCOMはこのプログラムの一環として、スタートアップ・ウェアハウスと呼ばれる、スタートアップ向けのコ・ワーキングスペースを設置している。最初にバンガロールに設置されたが、現在は、インド各地の一〇カ所にオープンしている。バンガロールは二〇一六年には、スペースの規模を拡大し、三〇〇席のスペースや、ハードウェア設計を支援するＩｏＴラボも設置している。

このプログラムには、マイクロソフト、グーグル、アマゾン、フェイスブック、ＩＢＭなどがスポンサーになっている。とくに、スタートアップに必要なクラウド環境の提供や技術支援が受けられる。このようなクラウド環境を提供している企業にとっても、開発者数ではアメリカ以外ではインドが最大となっており、インドのスタートアップ支援は戦略上、重要になっている。

毎年、イノトレック（Innotrek）というシリコンバレー訪問が開催されており、二〇一六年には四〇社ほどのスタートアップがアップル、グーグル、フェイスブック、アマゾン、ＩＢＭ、マイクロソフトを訪問し、投資家向けのピッチイベントを開催している。シリコンバレーとインドのスタートアップのつながりは強く、先述したスタートアップのブックパッドは、このツアーがきっかけでヤフーに買収された。

シリコンバレー発、起業家育成支援組織「ＴｉＥ」

シリコンバレーで成功したインド系起業家たちにより、一九九二年にシリコンバレーで設立された、The Indus Entrepreneurs（T・i・E）と呼ばれる非営利の起業家育成支援組織がある。二〇一七年で二十五周年を迎え、世界一八カ国六一都市に支部があり、約一万三〇〇〇人の会員がいる。インド人に限らず起業家支援の世界的なネットワークとなっている。

アメリカには二一支部、インドには一七支部あり、日本にも一支部ある。TiEConと呼ばれる起業家のフォーラムが、毎年一五都市以上で開催されている。シリコンバレーのスタートアップの三分の一はインド人が起業しているとも言われるが、T・i・Eのネットワークの存在は大きい。

T・i・Eという組織の創設や活動には、シリコンバレーで成功した有名インド人起業家たちが深く関係している。

スハス・パティル氏（Suhas Patil）は、IITカラグプル校を卒業後、MIT（マサチューセッツ工科大学）で電気工学の修士号と博士号を取得。MITで助教授を務め、当時最先端の研究プロジェクトだったProject MACで、コンピュータ・アーキテクチャーを研究。一九八四年にシリコンバレーにシーラスロジックを創設して、成功した人物だ。T・i・Eの創設に携わり、初代のT・i・Eプレジデントを務めた。

カンワル・レキ氏（Kanwal Rekhi）は、IITボンベイ校を卒業後、ミシガン工科大学でマスターを取得。一九八二年にサンノゼでエクセランを創業し、インターネットプロトコルTCP／IPを商用化した。一九八七年には、インド系アメリカ人として最初にナスダックに上場し、一九八九年にはアメリカ企業のノベルに二億一〇〇〇万ドルで買収された。シリコンバレーで成功したインド人起業家として知られ、第二代のT・iEプレジデントを務めた。現在は、VCのインベンタス・キャピタル・パートナーズを創業し、シリコンバレーとバンガロールに拠点を持っている。

ビノッド・コースラ氏（Vinod Khosla）は、IITデリー校を卒業後、カーネギーメロン大学でマスター、スタンフォード大学でMBAを取得。一九八二年に同級生たちとサン・マイクロシステムズを創業し、初代のCEOを務めた。二〇〇四年に自身のVC、コースラ・ベンチャーズを設立し、バンガロールにはインキュベーション・センター「コースラ・ラボ」を設置して起業家の支援活動をしている。

このように、インドの大学を卒業後にアメリカに渡り、さらに大学院で学んだのちに、シリコンバレーで起業し、成功したインド人は多い。しかも彼らが中心となってT・iEを創設し、起業家の育成、支援活動のネットワークを広げている。現在の活動はグローバルであるが、自分の母国であるインドとのつながりは深い。VCやエンジェルとしてもインドのスタートアップに投資、支援するなど、シリコンバレーでの経験、ノウハウ、人脈は、様々な形で、インドのスタートアップにとって貴重な財産となっている。

「Acqui-hire」されるインドのスタートアップ

冒頭でご紹介した、インペリミウム、リトルアイラボ、ブックパッドの三社のスタートアップに共通するのは、「Acqui-hire（アクイハイアー）」されていることだ。これは、acquisition（買収）とhire（雇用）を合体した造語で、要するに、事業を買収すると同時に、役員や従業員の雇用もそのまま維持するという意味だ。

シリコンバレーの企業に買収された場合は、インドのスタートアップの役員や従業員は、そのままシリコンバレーに行くことになる。従業員から見れば、アメリカに行けるし、まとまったお金も手に入る。一方で、買収した企業から見れば、有望な事業と人材、そして彼らが持つテクノロジーやノウハウを何億円かで手に入れることができることになり、非常に安い買い物となる可能性があるわけだ。

とくにアメリカのIT企業が欲しがっているのは、インドの優秀な人材である。第5章でも詳述するが、高度なIT技術を有し、かつ経営感覚まで持ち合わせている人材は、アメリカといえども、それほど見つかるものではない。スタートアップを買収すれば、そうした人材を確保できるというわけだ。ブックパッドの場合は、社員が八人しかいなかったため、一人当たり約二億円の買収になる。これは言い換えれば、一人の人材に対して二億円出してもよい、と考えていると言っていい。極端な話、買収した事業がうまくいかなくても、その人材を他の事業に振り向けられるから、二億円出しても痛くはないというのが、アメリカのIT企業の判断なのである。

シリコンバレーに組織ごと移動するパターンがある一方、買収を機に、バンガロールに拠点を置く例もある。その典型的な例が、ジップダイヤルだ。同社は二〇一五年に、ツイッターに四〇〇〇万ドル（約四四億円）という高額で買収された。ジップダイヤルのCEOはスタンフォード大学を卒業したアメリカ人女性で、インド人ではないが、バンガロールで起業したという珍しい経歴を持つ。

続々と登場するユニコーン企業

インドのスタートアップは、早々と買収される企業がある一方、ケタ違いの成長を遂げ、ユニコーンと呼ばれる企業も、続々と誕生している。

■ インドのユニコーン企業(2017年8月時点)

会社名	業種
Flipkart	eCommerce/Marketplace
Snapdeal	eCommerce/Marketplace
One97 Communications	Fintech
ANI Technology(Ola Cabs)	On-demand
ReNew Power Ventures	Energy & Utilities
Hike	Social
Shopclues	eCommerce/Marketplace
Zomato Media	Social
InMobi	Adtech
Quikr	eCommerce/Marketplace

出所:CB Insights

ユニコーン企業とは、時価総額一〇億ドル(約一一〇〇億円)を超えた未上場企業のことだ。投資資金が投入され、急成長中ではあるが利益は出ていないことがほとんどだ。CB Insightsによると、インドのユニコーン企業は、二〇一七年八月時点で一〇社となっている。アメリカは一〇七社、中国は五六社、イギリスが九社、ドイツが四社、イスラエル、日本は一社である。アメリカと中国が圧倒的に多いが、インドでは毎年、新たなユニコーン企業が誕生しており、さらに、ユニコーン予備軍が五〇社ほどあるとされる。

インドのユニコーン企業の創業者たちを見てみると、いくつかの特徴があることがわかる。ほとんどが、インドのトップ大学であるIITかアメリカの有名大学を出ていることだ。また、アメリカのＩＴ企業のインド開発拠点で働いた経験を持つ創業者も多い。

また、インドのユニコーン企業のうちの半数はバンガロールに本社を置く。なかには、起業後にバンガロールに移転してきた会社もある。ＶＣから投資を受け、規模拡大のために人材獲得をするうえでは、やはりバンガロールが有利な状況に変わりはない。

その代表例として、バンガロールに本拠地を持つユニコーン企業の四社を紹介する。

インド最大のeコマース企業「フリップカート」

最初に紹介するのは、フリップカート（Flipkart）。インド最大のｅコマースの企業で、ユニコーン企業としても最大時価総額を誇る。二〇一七年時点で、創業十年目を迎え、従業員数八〇〇〇人、コントラクター（契約社員）二万人、総取引高四〇億ドル（四四〇〇億円）、時価総額一二五億ドル（約一・四兆円）を誇る。取り扱い品目は、書籍やＣＤ、携帯電話、ファッションなど多岐にわたっていて、「インドのアマゾン」とも言える存在だ。

創業者は、サッチン・バンサル氏（Sachin Bansal）とビニー・バンサル氏（Binny Bansal）の二人。彼らは、二人ともＩＩＴデリー校を二〇〇五年に卒業し、インドのアマゾンで一年半ほど勤めた後、二〇〇七年にこの会社を起業した。そのときにはオフィスはなかったそうだ。

その翌年に社員が五人になり、バンガロールのコラマンガラにオフィスを構えた。

実はそのオフィスは、私のアパートから歩いて二、三分の場所にあった。会社の行きがけに、同社のロゴマークを見ていたので、このような会社があることは知っていたのだが、何の会社かは把握していなかった。しばらく経って、メディアで取り上げられるようになり、ようやくどんな会社か認識した。本のネット販売から始めたそうで、最初のカスタマーからの注文は、バンガロール中の本屋さんを探し回って、郵送したとのことである。

それが、創業から五年後の二〇一二年には、時価総額一〇億ドル。さらに三年後の二〇一五年には、一〇倍以上の一五〇億ドルとなった。驚きの成長だ。その後に、再評価で時価総額が下がり、経営幹部の流出もあり、様々な話題で注目されていた。

二〇一七年一月には、突然VCのタイガー・グローバルからCEOが投入され、二〇一七年四月には、マイクロソフト、テンセント、イーベイから一四億ドルの投資を受け、イーベイ・インドも傘下に収めることとなった。

さらに、二〇一七年八月には、ソフトバンクグループが設立したテクノロジー投資ファンド「ビジョン・ファンド」がフリップカートに約二五億ドル（約二八〇〇億円）を投資することが発表され、最大の株主となることが決まった。

急拡大するインド市場で、グローバル・プレイヤーであるアマゾンとの熾烈な戦いが始まっている。

配送インフラが未整備なインドで、eコマースが急速に普及している理由

そもそも二〇〇八年当時、インドでは、eコマースが流行しにくい事情がいくつも存在した。

まずは、固定インターネットの普及率が非常に低いことだ。普通、eコマースは、パソコンがネットにつながっていることが前提とされるが、私が赴任した二〇〇八年頃、パソコンを持ち、家でネットを使っている人は、IT企業に勤めている人以外では少なかった。

また、決済手段となるクレジットカードの普及率も極めて低い。さらには、ロジスティクス網の貧弱さも、ウィークポイントだ。予定通りに荷物が届かないことは日常茶飯事だった。配送業者が怠惰というだけではなく、道路が整備されていないうえ、交通渋滞が激しいことがその背景にある。

それでも近年は、インドでもeコマースが普及しつつある。決め手の一つは、スマートフォンが急激に広がってきたことだ。最近インドでは、「モバイルファースト」という言葉が

よく使われるようになっているのだが、これはパソコン版ウェブサイトより先に、スマートフォンなどのモバイル向けサイトの作成を優先するという意味だ。日本でもスマートフォンでeコマースサイトにアクセスする人は増えているが、五〇%程度と言われている。一方、インドは八〇%の人がスマートフォンからサイトにアクセスしている。

決済手段に関しては、クレジットカードの普及率が低いので、キャッシュ・オン・デリバリー、つまり代金引換が主流になっていたが、最近では急速にスマートフォン決済が広まっている。

ロジスティクスの問題も、かなり改善が進んでいる。オフィスから、朝に注文すると、当日の夕方には届くようになった。配送員が到着すると電話連絡が来て、受け取りに行くと、配送員から「ここにサインしてほしい」とタブレットを渡される。年々、システムや配送員が洗練されていくことを実感する。

このような環境の中で、フリップカートは成長を遂げてきた。

積極的なM&Aとトップ人材採用

フリップカートが急成長を遂げた理由の一つには、M&Aを積極的に仕掛けていることもある。創業以来、一〇社以上を買収している。たとえば、アパレルの通販部門に関しては二〇一四年に、ネット通販大手のミントラ（Myntra）を三億三〇〇〇万ドルで買収することで手に入れているし、二〇一六年には、同じくアパレルのジャボン（Jabong）を七〇〇〇万ドルで買収。さらに同年、モバイル決済企業であるフォーンペ（PhonePe）を買収している。

大きな企業がM＆Aを繰り返すことでさらに会社を大きくしていくのは、アメリカIT企業の常套《じょうとう》手段である。シスコもグーグルもフェイスブックも、買収に次ぐ買収を続けることで、スタートアップから、短期間で企業規模を爆発的に拡大させていった。日本のスタートアップはM＆Aに消極的な企業が多いために、爆発的な成長を遂げる企業が少ないが、インドの場合はアメリカ型に近いと言える。こうした芸当ができるのは、前述したように、アクセル・パートナーズのような欧米の大手VCが集まり、インドのスタートアップに投資をしているからであるが、スタートアップ側もそれをうまく生かしているとも言えるだろう。

M＆Aだけでなく、優秀な人材獲得にも積極的だ。フリップカートは、毎年、IITやIIM（インド経営大学院：Indian Institutes of Management）の卒業生を一〇〇人以上採用しており、直近は年間に二〇〇人から二五〇人を採用しているとのことである。さらにハーバード大学、スタンフォード大学、ペンシルバニア大学といったアメリカのトップのビジネススクールにもアプローチをしているようだ。

重要なポジションには、アメリカのグーグルなどのキー人材をヘッドハンティングしている。引き抜いた人材には、年収一億円を支払うこともあるようだ。急成長を支えるためには、大枚《たいまい》をはたいてでも、インド国外から優秀な人材を確保することが不可欠だからだ。

フリップカートを猛追する、二〇一四年に参入したアマゾン

現在、インドのeコマースの先頭を走っているフリップカートだが、ライバルの猛追を受けている。

その一番手は、アマゾンだ。同社はもともと二〇一二年からジャングリー・ドット・コムというブランドでサービスを提供していた。インドでは外資系企業が商品を自由に販売できない規制があり、ジャングリーでは、主に各店舗の価格を比較した情報を提供していた。ちなみに、ジャングリー・ドット・コムはもともと独立系のアメリカのスタートアップで、スタンフォード大学を卒業したインド人が起業したのだが、アメリカのアマゾンが一九九八年に買収した会社だ。

二〇一四年には、アマゾンのブランドでビジネスをスタートしたが、自ら在庫を持ち商品を販売することができないことから、現地企業がネット通販を運営できる環境を提供するマ

ーケットプレイスのビジネスをしている。フルフィルメント・センターという配送センターを設け、現地企業はそこに商品を納入すれば、注文の対応や発送などの業務はアマゾンが代行する仕組みだ。

二〇一四年九月にはジェフ・ベゾスがバンガロールを訪れたが、その二カ月前の七月にはインドでのビジネスに二〇億ドルの投資をすることを発表した。当時、アマゾンのインドでの総取引高が一〇億ドル程度しかない中で、二〇億ドルを投資するというのは、それだけジェフ・ベゾスが本気になっている証拠だろう。

二〇一七年には、アマゾン・インディアの代表を務めるアミット・アガワル氏（Amit Agarwal）が、米国アマゾンのエグゼクティブ・バイス・プレジデントに就任したことからも、インドを重要視していることが伝わってくる。また、投資金額は五〇億ドルに変更され、さらに戦いは加熱している。

生き残りをかける業界第三位の「スナップディール」

一方、インド企業のスナップディール（Snapdeal）も、フリップカートを追う存在である。

同社の創業は二〇一〇年とまだ若い企業である。創業者は、インドのデリー・パブリック・スクール（高校）を卒業後にアメリカのペンシルバニア大学ウォートン校を卒業したクナル・バール氏（Kunal Bahl）で、アメリカのマイクロソフトにビザの問題で入社できなかったことから、インドに帰国。同じ高校の友人でIITデリー校を卒業したロヒット・バンサル氏（Rohit Bansal）と起業することを決意し、試行錯誤ののちに、フリップカートやアマゾンと同様のeコマースのプラットフォームビジネスを選んだという。

そんな典型的なスタートアップである同社であるが、将来性を買われ、多くの投資資金が入ることで多くの買収を行い、わずか六年でインド第三位のeコマース企業に成長した。時価総額はすでに数千億円に達している。二〇一四年には、ソフトバンクが、同社に六億四七〇〇万ドル（約七一〇億円）の投資をして筆頭株主となった。

わずか創業五～六年で、このようなサクセスストーリーが生まれたが、二〇一七年時点ではかなり苦戦が伝えられ、生き残りをかけ、思い切った人員削減などの改革が進められている。さらに、筆頭株主でもあるソフトバンクの主導で、業界一位のフリップカートからの買収提案を検討していたが、合意できず、結局は、「スナップディール2・0」と称する自社戦略で生き残りをかけることとなった。インドのeコマース市場のダイナミズムはすさまじい。

なぜフリップカートとスナップディールの創業者は同じ苗字なのか

ところで、余談を少し述べたい。フリップカートの創業者であるサッチン・バンサル氏とビニー・バンサル氏は、同じ「バンサル」という苗字がついていることから、一見、兄弟や親戚のように思えるが、実は、まったく血のつながりはない。さらに、フリップカートが買収したミントラの創業者も、ムケッシュ・バンサルという名前だが、彼もまた二人と血のつながりはない。

ただ、まったく無関係かというとそうではない。実は、「バンサル」という苗字は、インドの「マルワリ」(Marwari)という商業コミュニティの名前なのだ。マルワリは、もともと北インドで、砂漠の多いラジャスタン州出身で、コルカタに移住して、ビジネスに成功した人が多いコミュニティとして知られている。その中にバンサルという苗字を持つ人がいて、フリップカートとミントラの三人は、皆、同じコミュニティの出身なのである。さらに言うと、ライバル会社であるスナップディールの創業者の一人もロヒット・バンサルだ。インドのeコマース業界の経営者クラスには、なぜか、バンサル姓が多い。

アマゾン・インディアの責任者であるアミット・アガワル氏(Amit Agarwal)の「アガワ

ル」もマルワリの名前である。その他、配車サービスアプリの「オーラ」の創業者もバビッシュ・アガワル氏（Bhavish Aggarwal）、ホテル予約サイト「オヨ・ルームズ（OYO Rooms）」の創業者もリテッシュ・アガワル氏（Ritesh Agarwal）で、ともに苗字から判断するとマルワリだ。

これは単なる偶然だけではないようだ。マルワリは、商人の家庭が多く、子供の頃から、毎日ビジネスの話を聞かされて育ち、起業家精神が養われ、さらにIITなどのトップ大学で起業を視野に入れて学び、その後、起業をして成功しているのである。

マルワリのほか、やはり北インドの、グジャラート州のグジャラティ（Gujarati）も、ビジネスに長けている商業コミュニティとして知られている。グジャラティの成功者としては、現インド首相のナレンドラ・モディ氏、ウィプロの創業者のアジム・プレムジ氏（Azim Premji）などがいる。

ちなみに、グーグルCEOのスンダー・ピチャイ氏や、マイクロソフトCEOのサティア・ナデラ氏、アドビシステムズCEOのシャンタヌ・ナラヤン氏は、マルワリのような商業コミュニティの出身ではない。言動について聞く限りでも、起業家というより、企業の中で順調に出世していくタイプであるようだ。三人とも、南インド出身者なのだが、南インドにはそうした企業人タイプの人のほうが多いようである。このような出身地やコミュニティの観点からインドの起業家やCEOを見ていくと、面白い特徴があることに気づくはずだ。

配車サービスアプリで先行する「オーラ」

二つ目に紹介するバンガロールのユニコーン企業は「オーラ（OLA）」ブランドで、アメリカのウーバーのようなスマートフォンアプリによる配車サービス事業を展開するインド発の企業だ。

二〇一〇年十二月にIITボンベイ校の卒業生のバビッシュ・アガワル氏とアンキット・バティ氏（Ankit Bhati）がムンバイで創業した会社で、ANI Technology Pvt. Ltd. という。現在は、バンガロールに本社を置く。

創業者のバビッシュ・アガワル氏はマイクロソフトリサーチ・インドで研究者として二年間勤めた後に創業。ソフトバンクなどから二億一〇〇〇万ドルの投資を受け、二〇一一年には、競合相手の TaxiForSure を二億ドルで買収。急成長を遂げ、二〇一七年時点でインドの一一〇都市に展開。時価総額は五〇億ドルだ。二〇一七年には、テンセント、ソフトバンクなどから一一億ドルの追加投資もされた。

アメリカで二〇〇九年三月に創業したウーバーも二〇一三年八月にインド展開を開始し、

現在インドの二九都市で展開し、シェアを急拡大している。

現状では、インドの先行企業としてオーラが展開都市やオート・リキシャ（小型オート三輪）のサポートなどで、高いシェアを獲得しているようだが、今後はわからない。ウーバーは、中国ではDidi Chuxing（滴滴出行）との戦いに破れ撤退したこともあり、アメリカに次ぐ二位のインド市場で後に引けない覚悟で、攻めの投資を宣言している。また、二〇一六年にはバンガロールに開発拠点を設置し、インド向けのみならず、グローバルな開発拠点としての強化を加速している。

フリップカート対アマゾン同様、オーラ対ウーバーの戦いは、インド企業対グローバル企業の戦いで目が離せない。

オーラ、ウーバーの普及は、バンガロール生活において画期的な利便性を提供している。もともとバンガロールでは、タクシーを簡単に道で拾えなかった。拾えたとしても、ドライバーは地図を持たないので目的地を伝えられない。しかもドライバーの多くはローカルな言葉しか話さない。精算時にお金のやり取りが大変で、たいていはお釣りがもらえない。この問題を一気に解決してくれたのである。目的地をスマートフォンのアプリで指定して車を呼ぶので、目的地の説明の必要もなく、乗車して目的地で降車する。何も話さなくてもいい。精算はすべてアプリでできる。降車後にドライバーと乗客が相互に評価をすることもあり、お互いにマナーも向上している。しかも安いのだ。流行《はや》るのも当然だ。

最近、ウーバーのドライバーに月給を聞いたところ、手取りで七万〜八万ルピー（日本円で一二万〜一四万円）とのことであった。これはインドITサービス企業の新卒の月給の倍近いものである。実際はいろんなトラブルや事件が話題になることもあるが、圧倒的な利便性で当面は普及が進むのは間違いない。

フリップカート、オーラの創業と、それに対抗するグローバル企業、アマゾン、ウーバーのインド展開で、熾烈な競争が起きたことが、急速に普及が進んでいる大きな要因の一つだと思う。二〇〇八年に私が着任したときには、スマートフォンさえ普及しておらず、スマートフォン一つでなんでもネットで買えて、車が簡単に呼べるようになるとは想像できなかった。その流れが、バンガロールからインド全都市へと急速に広がっている。

世界最大のビッグデータ専業会社「ミューシグマ」

フリップカート、スナップディール、「オーラ」は、ともに先進国のビジネスモデルを参考にして、インド国内でビジネスを展開する会社と言える。三つ目に紹介するユニコーン企業は、ミューシグマ（Mu Sigma）である。この会社はアメリカの登記になっているが、本拠地はバンガロールである。

この企業は、ディシジョンサイエンス＆ビッグデータ分析を手がける企業である。近年は、インドＩＴサービス企業のほとんどが、ビッグデータの分析に取り組んでいるが、ミューシグマはビッグデータ専業としては世界最大と自称している。

具体的には、リテールビジネスやロジスティクスなど、一〇のビジネス分野のビッグデータ分析に基づくコンサルティングを行っている。従来、インドＩＴサービス企業は主にソフトウェア開発のサービスを提供していたが、この会社はデータ分析を提供する専業メーカーという意味では、極めてユニークな会社である。

創業は二〇〇四年。創業者のディーラジ・ラジャラム氏（Dhiraj Rajaram）は、チェンナイにある有名大学のアンナ・ユニバーシティーという大学を卒業後、タタ・コンサルタンシー・サービシズに入社し、その後アメリカのシカゴ大学のブースビジネススクールという有名ビジネススクールを出て、アメリカのコンサルティング会社に勤めていた。その後、インドに戻り、二〇〇四年に起業したが、その後も事業アイデアをずっと一人で練っていたという。そして四年後の二〇〇八年、機関投資家からの出資を受け本格的に立ち上げたのが、このビッグデータ分析の事業だった。

そして現在では、ユニコーン企業の仲間入りを果たしている。全米売上の上位五〇〇社で構成されるフォーチュン五〇〇企業のうち一四〇社が同社のカスタマーであり、アップルやウォルマートなどの有名企業も多数含まれている。また、日本展開もすでに開始している。

インドのユニコーン企業として、最初に利益を出した会社と言われている。二〇一六年には、経営問題もあり、いったん創業者がCEOを降りたが、再度、復帰し、継続的に利益を出しているようだ。

二〇一四―二〇一五年時点で従業員数は三五〇〇人。うち三〇〇〇人のディシジョン・サイエンティストはバンガロールにいて、ビッグデータの分析を行っている。驚くのは、従業員の平均年齢だ。その年齢は、なんと二十五歳以下。つまり、長年ビッグデータの分析に携わっている専門家が分析しているわけではなく、専門知識のない若者が、独自開発された方法論とツールを用いて行っているのだ。二〇一四年は新卒を九〇〇人も採用したそうだが、彼らは数カ月の学習とトレーニングを経て、すぐに分析業務に携わることとなる。インド人だけでなく、アメリカの有名大学の卒業生も採用し、バンガロールでトレーニングをしている。優秀な人材であるのだが、経験値がないのも事実である。

経験のない人間に、そんなことが可能なのか。そんな問いに対し、ディーラジ氏は、「ナレッジは意味がない。重要なのは、ラーニング（学習）とマスマティックス（数学）だ」と述べている。

わかりやすく言えば、変化の激しい世の中において重要なのは、学習することであり、数学的にデータを分析することである。変に過去の経験則で考えようとすると、誤ったものの見方をしてしまうというのだ。

日本企業に限らず、過去の経験、ノウハウをベースに戦略を決定することが多い。とくに日本は、年功序列的な傾向もあり、過去において成功を収めた人が昇進し、大きな発言力、決定権を持つことが多い。技術や環境が急速に変化する時代においては、経験や知識ではなく、データを分析し、その結果から新たなことを学び、判断する姿勢が重要だということではないかと思う。ミューシグマの顧客に欧米有名企業が名前を連ねていることからも、徹底的にデータ分析を重要視する世界的なトレンドが見えてくる。

ミューシグマに、あるテーマのビッグデータ分析をお願いすると、チームが数名アサインされる。彼らは、そのテーマの知識、経験は持たないものの、様々なデータ分析の方法論やツールを用いて分析して結果を提示してくる。ソーシャルメディアや掲示板などのデータも、違った角度から分析してくれる。その結果を見ながらいろいろな議論を行い、さらにいくつかの分析をお願いすると、意外に新たな発見が出てくる。社内で同じバックグラウンドの人間だけで、経験に基づいて議論しているときと比べると、明らかに異なる視点が出てくる。

ミューシグマのユニークな点は、従業員だけでなく、カスタマーもトレーニングすることだ。本音を言えば、カスタマーは、ベンダーに自社のデータを提供するのはできるだけ避けたいはずである。競合他社に情報が漏えいすれば、大きなダメージを被ることとなる。そこで、カスタマーが自分で分析できるよう、希望するカスタマーに対して、バンガロールで数カ月間トレーニングするのである。

コスト面でのアドバンテージも、ミューシグマが支持される大きな理由の一つである。現在、世界的にビッグデータ分析ができる人材が求められているが、若いインド人材が、バンガロールで分析業務をするため、かなりのコスト競争力を持っているようだ。また、新しい技術分野だけに、様々なビジネス分野のデータ分析を通じて、新たな分析手法、ツールの開発が進み、今後とも成長が期待できそうな会社である。

モバイル・アド・ネットワーク事業で世界展開する「インモビ」

四つ目にご紹介するユニコーン企業は、インモビ(InMobi)である。同社はモバイル・アド・ネットワーク事業を世界展開する企業だ。現在、シンガポールに本社はあるが、本拠地はバンガロールである。

アド・ネットワーク事業において、競争相手は、グーグルやフェイスブックになる。ビジネスモデルは大きく異なるが、独立系の会社として、グローバルに果敢なチャレンジをしている会社だ。創業したのは二〇〇七年のことだ。

同社には、二〇〇八年と二〇一〇年にアメリカの有名VCであるクライナー・パーキンス・コーフィールド・アンド・バイヤーズが出資しているほか、二〇一一年にはソフトバンクも二億ドルを出資している。そうした豊富な資金を活用して、急成長を遂げた。

CEOは、ナビン・テワリ氏（Naveen Tewari）。IITのカンプール校を卒業した後、ハーバード・ビジネススクールに入学し、トップクラスの成績で卒業した人物だ。アメリカのコンサルティング会社に勤めた後、インドに戻り、三十歳のときに起業したのが、このインモビだった。

私は、二〇一一年にインモビを訪問し、ナビン・テワリ氏をはじめとした役員と面会したことがある。そのときに、彼や、その他の役員と話して感じたのは、世界に通用する技術力とプロダクトを持ち、最初からグローバル市場をターゲットにした、インドIT業界では珍しい会社であるというものであった。私が訪問した時点で、東京に拠点を持っていたし、アフリカでもビジネスを展開するなど、早い段階からアメリカ以外のグローバル市場にも目を向けているのを見て、バンガロールにこんな会社があることに驚いたことを覚えている。

二〇一三年には、MITテクノロジーレビューの「50 Disruptive Companies 2013」の一社に選ばれるほどであった。この五〇社の中には、アメリカを代表するアップル、アマゾン、グーグル、フェイスブックなどが入っており、日本企業ではトヨタが唯一選出されていた。インモビはそうした企業と肩を並べて選出されたのだ。

最大の市場は、アメリカであるが、すでに二〇カ国でサービスを提供しており、最近ではグーグルやフェイスブックが展開していない中国市場で大きなシェアを獲得しているようだ。今後は、スマートフォンの普及が急速に進む、本拠地であるインド市場での伸びも期待される。

二〇一六年の通年で、初めて利益を出したと発表した。ユニコーン企業と呼ばれる会社は、成長段階にあるため赤字であることがほとんどだが、インドのユニコーン企業として利益を出したのは、ミューシグマに次いで二社目となる。

人事評価もトレーニングも廃止!?

インモビは、事業内容だけではなく、人事制度でも世界の最先端を走っている。その最たるものが、人事評価をやめてしまったことだ。

多くの企業は、期初に目標を設定し、期末に実績を踏まえてA、B、Cといった社員のランクづけを実施する。それに基づき、給与やボーナスが決定し、本人にフィードバックを行うというプロセスが一般的である。管理職は、そのために一年間で一月以上の期間と大変なエネルギーを使っている。

しかし、インモビのように、優秀な人材を採用して、短期間で次々とイノベーションを起こし、爆発的な成長を目指している企業にとっては、従来のやり方はそぐわないというのだ。そこで、全従業員（セールスを除く）に一〇〇％のボーナスを支給することに決めた。

実は、従来の人事評価を廃止する動きは、インモビに限らず、世界の先進的な企業で起きているようだ。

また、もう一つ特徴的なのは、「トレーニングを廃止」したことだ。正確に言えば、会社が研修プログラムを用意するのではなく、一人ひとりが自分に必要なものを自由に学ぶという仕組みに変えたのだ。研修などにかかった費用は、会社が年間八〇〇ドルまでは負担する。自分自身が必要と感じているなら、IT技術に関することではなく、語学でも、まったく関係ない料理やスキューバダイビングでも、費用を支給するという。会社としてトレーニングをするのではなく、自らの意志による本人の成長を支援することが大事だと考えているのだ。

そのほかにも、海外出張の経費規定を廃止し、休暇申請の上司による承認制度を廃止した。もともと様々な規定は、問題を起こす一％の従業員のために作成されており、九九％は問題ないのである。それより従業員を信頼することが大事だと考える。オフィスのデザインを従業員に任せるなど、従業員の自主性を重んじる考え方を、インモビの制度の端々からうかがい知ることができる。また、起業などを理由に、一度会社を辞めた後、復帰するのもウエルカムだという。このように、伝統的な日本企業とは、従業員に対する考え方がまるで違っているわけだ。

以上のような試みは、日本の大企業にはとても真似《まね》ができないことばかりである。急成長しているインドの企業は、技術変化や環境変化が激しい時代に、アジャイル、オープン、イノベーティブな企業文化を目指し、新しいことをどんどん取り入れている。

こうした動きについていけなければ、日本企業はどんどん置いていかれそうだ。私はインモビの動向を知るたびに、そんな危機感を覚える。

アメリカのユニコーン企業の移民創業者数ではインドが圧倒的に一位

アメリカのシンクタンク、National Foundation For American Policy が公開した興味深いデータがある。二〇一六年一月の時点で、ユニコーン企業の八七社のうち、五一％の四四社は移民により起業されているとのことだ。しかもそれらの会社のマネージメント、製品開発の要職の七五％は移民が占めているとのことである。いかにアメリカ社会で移民が活躍しているかがわかる。

四四社の内訳を見ると、インドが一四社、カナダとイギリスが八社、イスラエル七社、ドイツ四社、中国三社と続く。意外と中国が少ない。日本は一社もない。圧倒的に、インド移民がアメリカで成功している。インド人材の創業者としてのアメリカでの実績は想像以上だ。

また、Sage 社（イギリスのクラウド会計ソフトウェア会社）が二〇一七年一月にリリースした資料によると、世界のユニコーン企業の一八九社の創業者の出身校は、スタンフォード大学（五一社）、ハーバード大学（三七社）、カリフォルニア大学（一八社）に次いで、ＩＩＴ（一二社）が四位に入っている。五位がＭＩＴとペンシルバニア大学（九社）、七位がオックスフォード大学（八社）だ。トップ一五校のリストに日本の大学は入っていない。

IITはインドではトップ大学でも、現状では、世界大学ランキングのトップには入らない。しかし、起業家の創出に関してはトップクラスだ。

IPO直前にシスコに買収された、米国ユニコーン企業「アップダイナミックス」

アプリケーション・パフォーマンス管理ソリューションを提供するアップダイナミックス（AppDynamics）は、急成長中のユニコーン企業であった。二〇一七年一月にナスダックでのIPO（新規株式公開）が予定されていた。企業価値は一九億ドルの評価だったが、IPOの直前、シスコにより三七億ドルで買収されることが発表された。

アップダイナミックスの創業者のジョティ・バンサル氏（Jyoti Bansal）は、一九九九年にIITデリー校でコンピュータ・サイエンスの学部を卒業後、二〇〇〇年にアメリカに渡り、スタートアップなどに勤務しながら、七年がかりでグリーンカードを取得。アップダイナミックスは、二〇〇八年にインド人の友人とサンフランシスコで起業した会社である。なお、バンサルという名前から、マルワリ・コミュニティに属するようだ。創立九年目の会社で、従業員九〇〇人規模の会社であった。二〇一五年にはバンガロールに開発拠点の設置を発表している。

シスコにとっては、二〇一二年のNDSグループの五〇億ドルでの買収に次ぐ大規模買収で、IoT、ソフトウェア時代を見据えた戦略的な動きと考えられる。シスコは、企業買収を重ねて成長してきた会社であるが、買収した会社がバンガロールに開発拠点を持っているケースが多く、買収とともにインド拠点の規模も拡大することになる。

インド発のスタートアップの強みとポテンシャル

インド移民によるアメリカでのユニコーン企業の実績から見ても、インド発のスタートアップのポテンシャルはかなり高い。

インド国内ビジネスに関しては、爆発的に市場拡大することから、当然大きなポテンシャルが予想できる。インド人起業家のアメリカでの実績を見ても、インド国内ビジネスのユニコーン企業の数は急増することは間違いない。

インドのスタートアップの特徴は、インド発で、グローバル・ビジネス展開することである。インドのスタートアップは半数以上がインド国内ビジネスだけではなく、グローバル・

ビジネスを志向している。もともとインドＩＴサービス産業は、まさにグローバルにサービスを提供して、輸出額で一〇〇〇億ドルを超えた。では、受託ではなく自ら開発するソフトウェアプロダクトではどうかと言えば、間違いなくいけるだろう。同じアイデアであれば、圧倒的な価格競争力を持ち、人材の投入で成長を加速できる強みを持っている。

たとえば、バンガロールから飛行機で四時間ほどの位置にある中東ＵＡＥ（アラブ首長国連邦）のドバイには、約三〇〇万人ほどの住民がいるが、そのうちの約四割がインド人である。インドのスタートアップがなじみやすい環境だ。ドバイに限らず、中東にはインド系住民が多い都市が少なくない。

また、アフリカと言えば、中国系の人が多く来ているが、インド系も多く移住しており、中東同様に、スタートアップが事業を展開しやすい土台ができている。このように、グローバルに事業を展開しやすいということは、当然、事業を拡大・成長させやすい。日本企業とはまったく違うスケール感で仕事をしていると言えるだろう。

では、インドのスタートアップの弱みやチャレンジは何か？　インドの人たちが考えている課題としてはこんなことが挙げられる。

「長くインドのＩＴサービス企業に勤め、欧米の下請け的な仕事をしていると、受け身の姿勢になりがちで、新たな発想ができない」「発想が貧弱で、Me too 的になりやすい」、つまり、たくさん人材はいても、起業家精神不足やアイデア不足で、適切な人材がいない、ということだ。しかし、これは日本に比べると贅沢な悩みだ。若いチャレンジ精神のあるＩＴ人材も多いし、シリコンバレーで経験を積んだ人材も多い。

人材面以外では、社会インフラが整ってないという点も課題としてよく挙がる。確かに、先進国のビジネスモデルの単純コピーだけは成り立たない。

しかし、一番大きな問題は、政府の規制が複雑で、認可に時間がかかることかもしれない。ただインド政府は、問題解決のために、すでに大きく動き出している。

インド政府による「スタートアップ・インディア」政策

インド政府は、二〇一六年一月に、「スタートアップ・インディア」というプロジェクトを開始することを宣言し、スタートアップが成長しやすい環境を作り出すために、一九項目のアクションアイテムを発表した。

たとえば、手続きの簡素化のためにモバイルアプリを使って一日で法人設立、コンプライアンス（法令遵守）監視の自己申告制、低コストで迅速な特許審査、また、ビジネスがうまくいかないときの迅速な清算手続きなどを可能とする。

資金的には、四年間に一〇〇〇億ルピー（約一七〇〇億円）のVCファンドへの投資、スタートアップ企業の法人税を三年間減税する措置、政府の認めたファンドへの投資に対してキャピタル税に対する減税など。また、大学や研究機関と協力して、三一カ所のイノベーション・センター、七カ所の研究拠点を設立する。その他、各種イベント開催など多岐にわたる。これだけ条件が揃っていれば、今後、新たなスタートアップの勢力が出てこないほうが不思議である。インドのスタートアップが世界を席巻する日は近い。


以上で、バンガロールやインドのスタートアップの現状についてお伝えしてきたが、スタートアップが有望でなければ、世界的なIT企業やベンチャーキャピタルが、競い合うように投資をすることはない。それだけ期待されるのは、スタートアップを率いるインド人経営陣やその脇を固めるインド人エンジニアが優秀だと高く評価されているからだろう。それでは、なぜ、インドには優秀な高度IT人材が育つようになったのか。その理由や背景を次の第5章で解説する。

また、バンガロールやインドのスタートアップに世界中から注目が集まる背景には、先進国では生み出せず、新興国でしか生み出せない「リバース・イノベーション」に対する期待もあるだろう。リバース・イノベーションについては、第6章で解説するとしよう。

まとめて言うならば、「インドは、新興国なのに高度ＩＴ人材が大量にいる、世界で唯一の国。そこから次なる世界的イノベーションが生まれるのでは」と世界の経営者や投資家は考え、我先にとインドのスタートアップへ投資をしているのだ。

第5章

グローバル人材輩出国インド

グーグル、マイクロソフト、ノキア。いずれもCEOはインド人

本書の冒頭でも述べたように、世界のIT企業の経営幹部の顔ぶれを見てみると、すぐにインド人の存在を見つけることができる。とくにCTOやCFOなどの技術やファイナンスのトップに多いようだ。さらに世界を代表するIT企業のCEOに上り詰めるケースも増えている。

二〇一四年二月に、マイクロソフトの第三代目のCEOにインド人のサティア・ナデラ氏(Satya Nadella)が就任した。マイクロソフトに二十二年間勤め、クラウドやエンタープライズエンジニアリング部門の上級副社長からの昇格であった。時価総額で世界第三位のIT企業のマイクロソフトのトップである。当然、インドのメディアでも大きく報道された。

二〇一四年五月には、ノキアのCEOにラジーブ・スリ氏(Rajeev Suri)が就任した。二〇一三年にノキアはマイクロソフトに携帯電話事業を売却したのちに、子会社のノキアソリューションズ&ネットワークスのCEOだったラジーブ・スリ氏が昇格したことになる。

さらに、二〇一五年八月には、グーグルのCEOにスンダー・ピチャイ氏(Sundar Pichai)が就任した。

グーグルでは以前から、たくさんのインド人が上級役員に就任していた。たとえば二〇一三年時点の顔ぶれを見ると、最高事業責任者はニケッシュ・アローラ氏（Nikesh Arora）、クロームOSとアンドロイド担当はスンダー・ピチャイ氏。グーグルと言えば検索サービスから始まった会社だが、そのサーチエンジン担当はアミット・シングハル氏（Amit Singhal）、広告やeコマースのプラットフォーム担当はシュリダール・ラマスワミ氏（Sridhar Ramaswamy）、Google+担当はヴィック・ガンドトラ氏（Vic Gundotra）と、多くの重要ポストをインド人が務めていた。その中から、スンダー・ピチャイ氏がCEOに就任している。現在は、退社した人材も多いが、たとえばニケッシュ・アローラ氏は、約一六〇億円でソフトバンクに引き抜かれた（二〇一六年六月にはソフトバンクも退社している）。

第1章でもお話ししたが、二〇一五年九月にモディ首相がアメリカを訪問したときにシリコンバレーで開催されたイベントで、グーグルCEOのスンダー・ピチャイ氏、マイクロソフトCEOのサティア・ナデラ氏とともに登壇し、MCを務めたアドビシステムズCEOのシャンタヌ・ナラヤン氏もインド人だ。

こうした、インド人のCEOの間でも興味深いつながりがある。マイクロソフトとアドビのCEOは、二人とも南インドのテランガーナ州ハイデラバード出身で、年代は異なるが同じ高校（ハイデラバード・パブリックスクール）というつながりがある。

マイクロソフトとノキアのCEOは、同じMITの卒業生。MITといってもマサチューセッツ工科大学ではなく、バンガロールと同じ州のマンガロールというところにあるマニパル・インスティテュート・オブ・テクノロジー（Manipal Institute of Technology）というインドの私立大学で、エレクトロニクス・アンド・コミュニケーション学部を二人は一年違いで卒業している。


こんな異色の二人もいる。一人は、二〇一五年一月にオラクルのCEOに次ぐ、製品開発担当のプレジデントに就任したトーマス・クリアン氏（Thomas Kurian）。バンガロールのセント・ジョージズ・ハイスクールを卒業した後、IITマドラス校に入ったものの、半年で中退し、アメリカのプリンストン大学に入学したという経歴の持ち主だ。さらにスタンフォード大学でMBAを取得し、オラクルに入社して、順調に出世を遂げた。

一方、二〇一五年六月に、ネットワークストレージ大手のネットアップのCEOに就任したのが、ジョージ・クリアン氏（George Kurian）だ。彼は、バンガロールのセント・ジョージズ・ハイスクールを卒業した後、IITマドラス校に入ったものの、半年で中退し、アメリカのプリンストン大学に入学したという経歴の持ち主だ。さらにスタンフォード大学でM

BAを取得し……とここまで読めばお気づきだろう。二人は双子であり、まったく同じキャリアをたどってきているのだ。双子の兄弟が、ともにアメリカを代表するIT企業のトップにいるのだから、驚きだ。

インド人女性では、パドマスリー・ウォーリアー氏（Padmasree Warrior）が活躍している。彼女は、IITデリー校を卒業し、さらにコーネル大学でケミカルエンジニアリングを専攻した後、モトローラでCTOにまで昇進。その後、二〇〇七年から二〇一五年までシスコで活躍し、最後はCTO兼CSO（最高戦略責任者：Chief Strategy officer）を務めていた。シスコのCEO候補とも言われていたが、現在は、マイクロソフトの社外取締役と中国の自動車スタートアップ「NIO」のアメリカ法人のCEOをしている。

その他、IT業界では、シスコの競争相手のジュニパーネットワークの創業者のプラディープ・シンドゥ氏（Pradeep Sindhu）や、フラッシュメモリーメーカーのサンディスクのCEO、サンジェイ・メイロトラ氏（Sanjay Mehrotra）、半導体受託製造のグローバルファウンドリーズのCEO、サンジェイ・ジャ氏（Sanjay Jha）なども活躍している。

また、IBMワトソン研究所の所長は、二〇一五年よりアラビンド・クリシュナ氏（Arvind Krishna）だ。三〇〇〇人のIBMの研究者のトップになる。IITカーンプル校を卒業し、イリノイ大学アーバナ・シャンペーン校で博士号を取得している。

企業トップではないが、ITの中でも注目の分野で活躍しているインド人材も多い。

GEは、インダストリー向けのIoTソフトウェア・プラットフォーム「Predix」を開発、推進しているが、二〇一四年に発電機の事業部門であるGEパワーのCDO（最高デジタル責任者）という新規のポストに任命されたのが、インドの大学を卒業後に、アメリカの大学院を卒業し、シリコンバレーのCRMソフトウェア会社で経験を積んできた、ガネッシュ・ベル氏（Ganesh Bell）だ。GEがソフトウェア中心の会社に生まれ変わる戦略を担う一人だ。

名門大学・ビジネススクールのトップもインド人が多い

IT企業以外でも、インド人が要職に就いている例は少なくない。

現職のCEOでは、ペプシコの女性CEOのインディラ・ヌーイ氏（Indra Nooyi）、マスターカードのアジェイ・バンガ氏（Ajay Banga）、ハーマンインターナショナルのディネーシュ・パリワル氏（Dinesh Paliwal）などがいる。また、過去においては、ドイツ銀行、ボーダフォン、シティーグループ、マッキンゼー・アンド・カンパニーなどのCEOにもインド人が就任していた。

教育の世界では、ビジネススクールの学長に多い。二〇一〇年七月よりハーバード・ビジネススクールの学長をニティン・ノーリア氏（Nitin Nohria）が務めている。シカゴ大学のブースビジネススクールでは、二〇一一年一月からスニール・クマール氏（Sunil Kumar）が学長を務めていたが、二〇一六年九月より、ジョンズ・ホプキンズ大学の副学長に転出した。後任として、二〇一七年七月より、やはりインド人のマダブ・V・ラジャン氏（Madhav V. Rajan）が就任している。

その他、コーネル大学、オハイオ州立大学など多くのビジネススクールの学長にもインド人が就任している。二〇〇一年から二〇〇九年までアメリカのノースウェスタン大学のケロッグ・ビジネススクールの学長を務めていたディパック・C・ジェイン氏（Dipak C. Jain）は、二〇一一年から二〇一三年まで、ヨーロッパの最高峰のビジネススクールのＩＮＳＥＡＤの学長を務め、さらに二〇一四年からは、タイの名門であるチュラロンコン大学のビジネススクールの学長を務めている。

工学系の学部長クラスでは、カリフォルニア大学バークレー校の工学部長のシャンカール・サストリー氏（Shankar Sastry）や、ＭＩＴ（マサチューセッツ工科大学）のアナンサ・Ｐ・チャンドラカサン氏（Anantha P. Chandrakasan）などがいる。

さらに大学トップの学長には、カリフォルニア大学サンディエゴ校では、二〇一二年よりプラディープ・コースラ氏（Pradeep Khosla）が就任している。カーネギーメロン大学では二〇一三年より二〇一七年六月まで、スブラ・スレッシュ氏（Subra Suresh）が就任していた。スブラ・スレッシュ氏はまた、二〇一八年一月にシンガポールの名門大学の南陽工科大学の学長に就任した。

前記以外にも、インドからアメリカへ留学し、卒業後に実績を重ね、様々な企業や大学の要職に就いているインド人は数え切れない。今や、アメリカを中心とした世界のビジネスシーンや、教育分野、研究機関は、インド人抜きには語れなくなっている。

増え続けるアメリカ留学とグローバル人材

世界で活躍するインド人材の多くはインドの大学を卒業後にアメリカの大学院に留学し、その後キャリアを積み、企業のトップに昇進しているケースが圧倒的に多い。

アドビシステムズ、マイクロソフト、グーグルの現CEOは、インドの大学でエンジニアリングを学んだ後に、一九八〇年代後半から一九九〇年代前半にアメリカに渡り、ビジネススクールを卒業し、その後、いくつかのアメリカ企業に勤務した後に、現在のポジションに就任している。インドから見ると頭脳流出のパターンだ。

現在でも、インドから海外の大学へ留学する学生が増えている。二〇一五年時点で、三五万人以上が留学している。圧倒的な人気が、一七万人も留学しているアメリカである。留学先としては、オーストラリア、カナダ、ニュージーランド、イギリスなどの英語圏が続く。

英語圏以外の国でも、中国（一万七一〇〇人）、ドイツ（一万二一〇〇人）への留学も増えている。言葉、文化の壁も乗り越えているようだ。しかし、残念ながら日本への留学は一〇〇〇人以下と極めて少ない。

一方、アメリカから見ると、全留学生の四五％を、中国、インドからの留学生が占める（Open Doors 2016のデータより。以下四行の数値も同様）。中国からは三三万人で、インドの一七万人の倍の留学生がいる。ただ、インドの特徴は、大学院への留学の割合が六一％（中国は三八％）と高いことで、大学院に限ると、インドが約一〇万人、中国が約一二万人とほぼ同じになる。つまり、マスターコース、ドクターコース、ビジネススクールへの留学が圧倒的に多いのだ。日本は、一万九〇〇〇人の留学生で、五〇〇〇人が大学院で学んでいる程度である。大学院留学では日本とインドの差は二〇倍以上にもなる。

インドがＩＴ最先端の国であるアメリカと深い人的なつながりがあることがよく理解できる。二十年前に比べ、今や三倍以上に留学生が増えていることからも、今後もアメリカのＩ

Ｔ企業のトップや幹部に昇進する人材が増えていくことは間違いない。

一方、一九九一年に、インドの経済自由化がされ、二〇〇〇年代にＩＴ産業が急速に立ち上がり、グローバル企業の開発拠点が次々設立され、インドで魅力的な仕事ができるようになったことなどで、留学後に帰国するケースも増えてきている。

私自身、二〇〇八年に着任後に、いろいろなＧＩＣのトップや幹部に会ったが、アメリカの大学院を卒業していたり、アメリカの本社に長く勤めた後にインドに帰国しているケースが多く、アメリカを中心としたグローバル経験のある人材がインドＩＴ業界のレベルアップに貢献している。

インドは、グローバルな人材輩出国に変わりないが、インドで活躍するグローバル人材がインドの劇的な変化に貢献し始めているのである。

インドＩＴ産業の立ち上げに貢献したＭＩＴ卒業生

以前、インドの知人から、三人のＭＩＴ卒業生がインドＩＴ産業の立ち上げに関わったと聞いたことがあった。インド最大のＩＴサービス企業のＴＣＳ（タタ・コンサルタンシー・サービシズ）と二位のインフォシスの創業に関係しているとのことであった。

二〇一六年に出版された書籍『The Technological Indian』（著者：ノースカロライナ州立大学のロス・バセット助教授）で、詳細を知ることができた。著者は、MITの図書館で過去のMIT卒業生リストを見つけたのをきっかけに、インド人のMIT卒業生を調査、分析した結果、インドとMITが深く関係していたことに気がついた。驚きなのは、インド独立前からMIT留学が始まっており、一八八二年から二〇〇〇年の間に一三〇〇人がMITへ留学をしているとのことだ。彼らは、インドに帰国後、インドの政治、芸術、ビジネス、工学など様々な分野で活躍している。その中にはインドの財閥グループであるキルロスカ、ゴドレジ、ビルラの後継者たちも含まれていた。

IT分野に注目すると、三人のMIT卒業生が初期のインドITサービス企業を創業しているのである。

一人目は、ラリット・カノディア氏（Lalit Kanodia）。一九六三年にIITボンベイ校を卒業し、MITでMBAとPh.D.を取得。その後、インドに戻り、一九六七年、タタ・グループ内にTCSの前身となるタタ・コンピュータ・センターを二人のMIT卒業生とともに立ち上げた。三人とも二十代半ばの若さであった。ただ、カノディア氏は自らの起業を目指して、一年ほどで退社し、一九七五年にデータマティックスを創業している。データマティックスはＩＴオフショアモデルのパイオニアと言われている。カノディア氏は現在もこの会社の会長を続けている。

二人目はＦ・Ｃ・コーリ氏（F. C. Kohli）。カノディア氏が退社後、一九六九年に正式にＴＣＳが発足し、初代のＴＣＳの代表に四十五歳で就任。コーリ氏は、インドのパンジャブ大学卒業後、奨学金を得て、カナダのクイーンズ大学で学び、さらにＭＩＴで電気工学のマスターを一九五〇年に取得した。その後、インドに戻り、タタ・グループで活躍していた人物だ。ＴＣＳをインド最大のＩＴ企業に成長させたことから、「インドのソフトウェア産業の父」と呼ばれている。

三人目はナレンドラ・パトニ氏（Narendra Patni）。一九六四年にＩＩＴルールキー校を卒業後、ＭＩＴに留学し、電気工学のマスターとＭＢＡを取得。一九七八年に、パトニ・コンピュータ・システムを創業。当初は、データゼネラル社のミニコンの販売から開始したが、すぐにソフトウェア部門を設置し、その責任者に若きナラヤナ・ムーティ氏を採用した。そこには、七人のチームが集まった。そのチームはその後、独立して一九八一年にインフォシスを創業し、インド第二位のＩＴ企業に成長させた。パトニ氏がインフォシスの創業のきっかけを作ったことになる。なお、パトニ・コンピュータ・システムもその後、中堅ＩＴサービス企業に成長したが、二〇一一年に買収され現在は残っていない。

一九五〇年代から一九六〇年代は、MITがコンピュータ技術で最先端であった。Project MACが一九六三年にスタートし、Multics（タイムシェアリングオペレーティングシステム）が生み出された時代であった。そういった環境で刺激を受けたカノディア氏やパトニ氏などのインドの若者が、インドIT産業の創出に、直接的に、間接的に関わっていたのである。

改めて、アメリカとインドのコンピュータ分野での歴史的なつながりの深さを感じざるを得ない。

高度IT人材を数多く輩出する「IIT」とは？

なぜインド人は、こんなにも世界的な企業や組織のトップにのし上がってこられたのか。

私自身がインド人の経営幹部クラスと接してきた中で実感している、世界のトップレベルで活躍するインド人の強みとは次の五つが挙げられる。

- 論理的思考力
- 英語によるディベート力、スピーチ力
- 専門的知識（IT・数学に限らず）

・マネージメント力やリーダーシップ
・多様性のある環境への適応力

もともとの個人の素養もあるが、インドの教育機関に依るところも大きいだろう。繰り返しになるが、今シリコンバレーなどで活躍するインド人たちは、インドで生まれ、インドの教育を受けた後、アメリカなどで活躍するというキャリアをたどっていることが多い。つまり、インドで受けた教育の影響を強く受けているのである。

ITに強い人材を育てるインドの教育機関として、最も有名なのはインド工科大学、IIT（Indian Institute of Technology）だ。今まで登場した多くのインド人は、IIT各校の卒業生である。

IITは、インド最高峰と言われる理工系の国立大学である。一九四七年のインド独立後に、初代ネルー首相が訪米時にMITを訪問。学長とインド人留学生と面談し、その後、MITをモデルにIITが設立された。インド経済発展のための高度な科学者、技術者の養成を目的として、全国各地に設置された。もともと、カラグプル校（一九五一年設立）、ボンベイ校（一九五八年設立）、カーンプル校（一九五九年設立）、マドラス校（一九五九年設立）、デリー校（一九六三年設立）、グワハーティー校（一九九四年設立）、ルールキー校（二〇〇一年設立）の七つのＩＩＴがあったが、その後、二〇〇八年以降に次々と新設され、二〇一七年現在では二三校となった。

二〇〇八年に開校されたハイデラバード校は、日本の外務省と国際協力機構（ＪＩＣＡ）からの技術・財政支援で作られたことから、日本との交流が盛んだ。また、元グーグルで元ソフトバンクのニケシュ・アローラ氏の出身校であるバナーラス・ヒンドゥー大学（Banaras Hindu University）のように、途中からＩＩＴに昇格した大学もある。バンガロールにはＩＩＴはないが、二〇一六年七月より、カルナタカ州の北部のダーワッド（Dharwad）に新設され、第一期生が入学した。電気、機械、化学の三学科のみで定員一二〇名である。


ＩＩＴの入試は、一〇〇万人以上が受験するJEE Mainを受け、その中からトップ二〇万人がJEE Advanceを受け、最終的には一万人が合格する。その成績順に、希望する学校と学部を選べる方式だ。したがって、競争率は一〇〇倍以上とされ、世界でも最難関試験と言われている。

人気があるのは歴史のある伝統校で、学部としてはコンピュータ・サイエンスやエレクトリカル・エンジニアリングを目指す学生が多い。ＩＩＴでは、授業はすべて英語で行われ、基礎理論を中心に教えられるようだ。

私は、古くからあるIITを中心にいくつか訪問したが、ほとんど都心から離れた郊外にあり、全寮制で、広大なキャンパス内で勉強に集中できる環境にある。こうした環境で、専門知識を磨き、論理的思考力を鍛え、英語によるディベート力、スピーチ力を高めていくわけである。

カオスが人を育てる

では、インド人の強みである「マネージメント力やリーダーシップ」や「多様性のある環境への適応力」というのは、どのように養われていくのだろうか。

私は、そのトレーニングに役立っているのは、インド国内の「カオス」ではないか、と考えている。

インドに一度でも行ったことのある人なら、その「カオス＝混沌」ぶりが、おわかりいただけるだろう。インドでは、金持ちでも貧乏でも、一歩、家の外に出ると、様々な危険に直面する。交通事故、犯罪、自然災害なども多い。環境汚染、衛生面に関する問題も多い。デング熱などの感染症も珍しくない。トラブルは日常茶飯事で、安全は誰も保証してくれないから、自分の身は自分で守るしかない。

普通に生活していても、停電などのトラブルが頻発する。家の修理も安心して任せていられない。時間の感覚もまったく違う。日本から来た人を車でバンガロールの案内をすると、「人がたくさん街に出て、たたずんでいるけど、あの人たちは何をしているのか？」とよく聞かれるのだが、彼らの多くは決して止まっているわけではない。彼らなりに目的を持って動いているのだ。ただ、あくせくしていないから、止まっているように見えるだけである。

日本に久々に帰国すると、品川駅のコンコースを、日本人がものすごい勢いでロボットのように歩いていて、これはこれで異常だと感じるが、インド人のゆっくりしたスピードも相当なものだ。こんな状態だから、たとえば、アパートの修理などを「明日までに」と頼んでも、明日までに完了することはない。結局、数カ月かかったりする。それでも直ればいいほうだ。

これらの環境は、自分でコントロールして変えることができないので、やきもきすることばかりだ。私もなんとか慣れたが、インドに赴任した当時は面食らうことが多かった。

しかし、このような環境で育つことは、人間を非常にたくましくする、と私は考える。常に身の回りのリスクに注意しながら、コントロールできないことに翻弄されて生きることが、様々な環境での適応力や生存力を磨き、グローバル・リーダーになっていく一つの素質を育んでいるのではないかと思うのだ。

多国籍企業で、様々な国の人々が集まれば、インドほどではないにしても、ちょっとしたカオスのような状況にはなる。こうした環境でリーダーシップをとるためには、コントロールできないことに動じることなく、一人ひとりと粘り強く対峙しなければならない。そうした胆力のようなものが、インドで生活することで養われていくのである。

また、「こんなカオスからは抜け出したい」と考えれば、勉強にも身が入るだろう。正直なところ、インドから行けば、アメリカなどは素晴らしすぎる世界である。さらに、今ではインドから、マイクロソフトやグーグルなど世界的大企業のトップに上り詰めたロールモデルもいる。彼らを見て、「自分もそうなりたい」と考え、懸命に勉強しているインドの若者は決して少なくないだろう。こうした点でも、小さな頃から何不自由なく育った日本の人材とは、格段の差がついているのである。

ちなみに、以前に私がIITハイデラバード校を訪問したとき、一人の男子学生が、「今度、グーグル本社にインターンに行く」と話をしていた。「アメリカに行ったことがあるの?」と聞いたところ、「海外に行ったことはなく、飛行機にも乗ったことがない」とのことだ。そうした学生が、積極的にアメリカを目指しているのがインドの現状だ。

二〇一七年一月、グーグルCEOのスンダー・ピチャイ氏が、一九九三年にIITカラグプル校を卒業後、初めて母校を訪問したことが報道された。この大学は、ＩＩＴの中で最初に設立された名門大学で、元ボーダフォンのＣＥＯのアルン・サリン氏（Arun Sarin）や、現在のカリフォルニア大学サンディエゴ校学長のプラディープ・コースラ氏など多くの著名人を輩出している。

ピチャイ氏は、三五〇〇人の学生たちに自分の学生時代、最新のＡＩ技術などについて話し、また、「今後五年から十年でインドから世界的なソフトウェア会社が生まれる」とインドのスタートアップのポテンシャルなどにも言及した。こんな話を聞いて、世界を目指す若者が増えていく。

高度ＩＴ人材の質も量も、インドが圧倒的に日本を上回っている

インドには、ＩＩＴ以外にも、教育レベルが高く、優秀な学生が集まる大学がたくさんある。たとえば、ＮＩＴ（国立工科大学：National Institute of Technology）もレベルが高いことで知られている。この学校も国立の大学であり、様々な州に点在している。そのほかにも、有名私立大学がひしめいているという構図だ。

前述したアドビシステムズＣＥＯのシャンタヌ・ナラヤン氏が卒業したオスマニア大学

(Osmania University)や、マイクロソフトCEOのサティア・ナデラ氏やノキアCEOのラジーブ・スリ氏が卒業したMIT(マニパル・インスティテュート・オブ・テクノロジー:Manipal Institute of Technology)は、私立大学である。

ちなみに、このMITは、IITのようなトップクラスの大学ではない。そんな大学の卒業生が、マイクロソフトとノキアのCEOになってしまうのだから、インドの人材の裾野の広さには驚かされるばかりだ。

これらの大学から毎年輩出される人材の数は、ケタ違いだ。インドでは毎年一〇〇万人以上の理工系学部の卒業生がいる。日本の新卒学生はすべて合わせても約五五万人、そのうち理工系卒業が一〇万人ほどであることと比べると、歴然とした数の差がある。インドでは優秀な人材は、IT業界で働くために、理工系でもコンピュータ・サイエンスや電気工学を目指すが、日本では理工系離れが問題になっている状況にある。

「インド人が優秀と言っても、それはほんのひと握り。国全体としてはまだまだ日本の人材のほうが優秀だ」と考えている日本人は少なくないが、それは大きな勘違いと言える。今や、優秀な人材の質も量も、インド人のほうが圧倒的に上回っている。そして、若年層の人口が減少している日本と、増加しているインドの人材格差は、今後ますます開いていく一方だろう。

過熱するキャンパス・リクルーティングと高騰する初任給

こうして鍛えられたインドの優秀な若者を獲得しようと、国内外の企業が争奪戦を繰り広げている。日本では、各企業が会社説明会を開催し、卒業予定の学生を集めて選考を行うのが一般的であるが、インドでは、キャンパス・リクルーティングと言って、大学側からの指定日に企業が大学キャンパスを訪問して、選考を行い、その日のうちに採用のオファーをする方式をとる。

IITの場合は、毎年、十二月一日がキャンパス・リクルーティングの解禁日と決まっており、過去の採用実績や採用条件などから、大学側により各企業の訪問日が決められる。IITの中でもトップ人材を獲得するには、Day One と言われる十二月一日の訪問が必須で、破格の条件を提示するグローバル企業、有名インド企業、また急成長しているスタートアップがトップ人材獲得を競っている。

IIT以外の大学では、解禁日はまちまちだが、九月頃からキャンパス・リクルーティングを解禁するケースが多い。

キャンパス・リクルーティングでは、企業側は、希望する学部を指定したり、また学業成績で足切りをしたりすることで、応募者を絞り込むことができる。当日は、会社概要、採用条件などを説明した後、選考に入る。まず、オンラインテストなどを活用して、能力テストを行う。分析力、ボキャブラリー、プログラミング能力などを評価して絞り込む。その後に、人事、技術、マネージメント面談を行い、一日のうちに採用のオファー・レターを学生に出す。学生もそれを受け取り、入社を決めた場合はサインをする。企業側にとっても学生にとっても真剣勝負の一日だ。

学生は、オファー・レターにサインをすると、他の会社の説明会への参加資格がなくなるルールになっている。ただ、大学によっては、企業をランクづけしているケースがあり、ある企業に受かっても上位ランクの企業にはさらにチャレンジできる制度があったりする。

大手インドITサービス企業では、年間一万〜二万人の新卒を採用しており、一つの大学から一〇〇〇人以上を採用するケースもよくある。このような大手ITサービス企業が訪問する前に、キャンパス・リクルーティングに行かないと、いい人材はほとんどいなくなってしまう。

二〇一六年時点で、インドの大手ITサービス企業の初任給は年俸三〇万から四〇万ルピー。日本円では五〇万円から七〇万円程度である。グローバル企業だとさらに何割か高くなる。また、ＩＩＴの学生になると、平均でも一〇〇万ルピー（約一七〇万円）を超える。最高では二〇〇万ルピー（約三四〇万円）を超えるケースもある。

当然、優秀な学生は、給料が高い有名なグローバル企業に流れる傾向がある。したがって、日本企業もインドに開発拠点を設置して、一〇〇万円から二〇〇万円の初任給を出せば、圧倒的に優秀なＩＴ人材を獲得できる可能性が高い。もちろん、会社の知名度や業務内容の魅力が重要であるが、少なくとも初任給としては十分である。日本と違い、インドではＩＴ技術者は人気職種であり、希望者がケタ違いに多く、その中から厳選して優秀な人材が採用できる。サムスンは毎年、一〇〇人以上のＩＩＴ卒業生をインド採用しているが、二〇一六年は、三〇〇人採用し、研究開発に投入するとのメディア報道がされた。

さらに、グローバル企業は、アメリカなどの本社採用に向けて破格の初任給を出すことが、毎年メディアで話題になる。最近ではマイクロソフト、グーグル、オラクル、フェイスブック、ゴールドマン・サックス、サムスン、ウーバーなども一〇万〜二〇万ドルの初任給を提示している。あくまでＩＩＴ卒業者の中でも、さらにトップ人材を本社採用した場合の話だが、アメリカの大学を卒業した学生でもここまでの高待遇は受けないだろう。

最近は、インターン制度を活用して採用をするケースも増えている。大学三年時に、企業で二カ月ほどインターンを行い、実習を通じて学生の能力、ポテンシャルを見極め、それに基づいてオファーを行う。この方法であれば、学生も事前に企業を理解することができ、入社後のミスマッチを防げる。グローバル企業で多く採用されており、インド拠点やアメリカなどの本社で行うケースも増えている。

二〇一五年の十月にフェイスブックへの入社が決まったＩＩＴボンベイ校の学部四年生で、コンピュータ・サイエンス専攻の女子学生は、二一〇〇万ルピー、約三六〇〇万円のオファーを受けた。厳密に言うと、初任給は六五〇万ルピー（約一一〇〇万円）に加えて、入社時の一時金、ストックオプションの合計金額である。

彼女は、ＩＩＴ入試で受けるＪＥＥの試験で、九〇番だったそうだ。ＩＩＴの入学者数は毎年一万人ほどなので、彼女はＩＩＴの学生の中でも、入学時にトップ一％に入る成績だった。また、「インターナショナル・ジュニアサイエンスオリンピアで銀メダル」「ナショナルタレントサーチイグザミネーションで七番」など、学外のイベントで賞ももらっているとのことだ。さらに、二〇一四年に二カ月間、フェイスブックのアメリカ本社で、インターンシップを行っているので、企業側も、ずば抜けた頭脳の良さだけではなく、将来の高いポテンシャルを感じてのオファーだと想像される。

人材争奪戦の蚊帳の外にいる日本企業

一方、日本企業に目を向ければ、その争奪戦の蚊帳《かや》の外にいるように思える。私がインドにいたときも、高度IT人材を積極的に採用している日本企業は、極めて少なかった。その背景には、日本企業はインドに販売拠点、製造拠点を持っていても、開発拠点が少なく、あっても規模が小さく、高度IT人材をあまり採用していないのである。

欧米企業は、現地の巨大な開発拠点を通じて、高度IT人材を獲得するために、大学と良好な関係を構築し、いろいろな採用ノウハウを蓄積している。また、本社と連携して、トップ人材を直接、本社採用したり、現地採用した後にその中から優秀な人材を本社で活躍させたりするなど、いろいろな人材戦略を行っている。

さて、インドの優秀でタフな人材は「カオスな環境」によって生み出されていることはすでに述べたが、カオスから生まれているのは、人だけではない。イノベーションもそうだ。実は、「カオスから生まれるイノベーション」もまた、近年、バンガロールとインドが世界中から注目を集める大きな理由となっている。詳しくは第6章で解説しよう。

第6章

インド発・世界的イノベーションの可能性

バンガロールは「リバース・イノベーション」の前線基地

グローバルを見据えた商品ソフトウェアや社内システムの開発、ビッグデータ分析やブロックチェーンなど最先端テクノロジーの研究開発、有望なスタートアップの発掘、大量のIT人材の獲得……。

世界中の企業がバンガロールをはじめとしたインドの大都市に拠点を置く理由は、こうした目的を達成できる世界でも類を見ないエリアだからである。

そのことは、ここまでの章ですでに論じてきたが、もう一つ、まだ言及していない拠点としての魅力がある。それは、「世界中で支持されるイノベーティブな商品やサービスを生み出す、イノベーション拠点」としての魅力だ。

実は、近年、インドで生まれたイノベーティブな商品やサービスが、世界中で支持されるという事例が複数生まれている。

なぜ、そのような事例が頻発しているのか。

その謎を解くキーワードは「リバース・イノベーション」だ。今や、インド、とりわけバンガロールはリバース・イノベーションの前線基地とも言うべき地域となっており、それがグローバル企業のバンガロール拠点の重要戦略になっている場合も少なくない。

リバース・イノベーションとは、ダートマス大学のビジャイ・ゴビンダラジャン教授が提唱したイノベーションの概念だ。

ひと言でいえば、「新興国の市場で生まれ、先進国に広がっていくイノベーション」のことである。

従来、イノベーションは先進国で起こり、新興国に伝わっていくことが常識とされていた。最先端のテクノロジーやノウハウを保有しているのはあくまで先進国であり、そうしたテクノロジーもノウハウも持ち合わせない新興国は、先進国のフォロワーにすぎないと考えられてきた。

ところが、ゴビンダラジャン教授は近年、インドのような新興国でイノベーションが生まれ、さらにそれが先進国で広まるという、従来と真逆の流れが起きていることを突き止めた。

具体的にはどのようなイノベーションが生まれているのか。それを理解するための格好の例として、GEヘルスケアの「MAC400」を取り上げたい。

ないないづくしだから革新が起きたGEの心電図計

「MAC400」は、二〇〇七年十二月に、GEヘルスケアがインドで発売をスタートした携帯型の心電図計である。

「MAC400」が誕生したきっかけになったのは、従来型の心電図計がインドではまったく売れていなかったことだ。その性能の高さから、先進国ではすっかり定番機器として浸透していたが、インドでは見向きもされないでいた。

当初、同社のバンガロール拠点の技術チームは、売上不振の原因をまったく突き止めることができていなかった。しかし、調査を重ねることで、自分たちがまったくの思い違いをしており、現地の医師を失望させていたことに気づいたという。

最大の誤解は、「性能が良ければ、高価でも買ってくれる」という考え方だ。

確かに、GEヘルスケアの従来の心電図計は、精度も高く、どんな先進国の医師も満足させるものであった。

しかし、価格は、一台約三〇〇〇～一万ドル。先進国の病院なら払える価格かもしれないが、インドではごく一部の大病院でないと手を出せない価格だった。また購入できたとしても、機器の価格は検査料金に跳ね返ることになる。患者は高額な検査をしたがらないため、結局は宝の持ち腐れになることが少なくなかったのだ。

また、インドでは近くに医療機関がない人が多いため、医師が往診に出向くニーズが高かった。その際、心電図計を持ち運びたいと考える医師は少なからずいたが、従来品はどれも持ち運べるような大きさではなかった。

さらに、インドは電力のインフラが脆弱であり、停電が頻発するうえ、農村部では電気が通っていない場所も少なくない。しかし、従来の心電図計は電力を多く消費するため、コンセントにさして使う必要がある。つまり、場所によっては利用できないのである。

原因はほかにもある。インドの医師は心電図計を使い慣れている人ばかりではないので、簡単に使いこなせることが求められた。また、GEの修理の拠点はインド中にあるわけではないので、壊れにくく、壊れたときのメンテナンスも容易であることも求められた。そうした要件を、従来型の心電図計はほとんど満たしていなかったのである。

まとめて言えば、インドの多くの医師たちは、「精度は多少犠牲にしてもいいから、とにかく低価格で心電図を取りたい」「環境に左右されず、いつでもどこでも計れる軽量の心電図計が欲しい」といった先進国の医師とはまったく違うニーズを持っていたのである。

これらの課題を解決するために、GEヘルスケアは、専門のチームをバンガロールに設置し、一から心電図計の開発をやり直すことを決めた。

インドの医師たちに受け入れられるために、絶対に外せない要素は、価格を劇的に下げることだ。目標に掲げられたのは一台八〇〇ドル。従来品が約三〇〇〇～一万ドルだったことを考えれば、大胆なコストダウンが必要だ。

そこでGEでは、これまで内製していた半導体チップやプリンタなどの部品の数々を、多くのメーカーから取り寄せられるような標準品に切り替えた。とくにプリンタは、公共のバスでチケット印刷機に使われている安価なものを採用することで、大幅にコストを抑えることができた。考えてみれば、検査結果を印刷するだけのプリンタの性能にこだわる必要性など、どこにもない。

また、モニターに関しては、思い切ってなくしてしまった。操作方法を簡単にして、検査結果を印刷すれば、モニターはなくても不便ではない。開発チームは、開発の過程で、インドの医師たちにとっては余計なこだわりを次々とそぎ落としていった。

そのほかにも、充電式バッテリーで作動する形式に変えたことで、電気が通っていない地域でも使えるようになり、またモニターなどを省いたことで総重量は一キログラム強と、軽めのノートパソコン程度の重さまで軽量化できた。

こうして二〇〇七年十二月に発売された「MAC400」は、インドの医師から高い評価を受け、都市部だけでなく、農村部の小さな病院にも広がっていった。そして、心臓を患う大勢の患者たちが重症化するのを未然に防ぐのに貢献したのである。


話はまだ終わりではない。

「MAC400」の需要は、インドだけにとどまらなかった。発売からそう遠くないうちに、地域別の売上比率の五割が欧米になった。資金を持たない先進国の開業医にとって、低価格でコンパクトな「MAC400」は極めて使い勝手が良かったのである。こうして新興国で開発されたGEヘルスケアの携帯型心電図計は、先進国でも定番商品に成長し、現在も世界中で高いシェアを誇っている。

制約があるからこそ、イノベーションが生まれる

新興国でイノベーションが起こる大きな要因は、「環境が整っておらず、制約が多い」ことだ。

大都市には高層ビルが建っていて、スマートフォンが普及しているような国でも、電力や水道、鉄道、通信網などの社会インフラが整っていないことは珍しくない。また、途上国の人は、先進国の人ならすぐに出せるような数百円レベルの金額でも、簡単に出せないことがある。教育水準が低く、読み書きができない人が多い国もある。いずれにしても、先進国では考えられないようなことだ。

しかし、それらの制約があるからこそ、「こうした環境の中で受け入れられるためには、並大抵の改善では難しい」という考えに行き着く。そして、「価格を従来の金額の半分以下に下げる」といった、不可能と思えるようなことにチャレンジすることとなる。GEが、一台三〇〇〇ドルはする心電図計を、八〇〇ドルに下げることを目指したのは、その例だ。このようなチャレンジをするからこそ、先進国では絶対に出てこないイノベーションが生まれるのである。

そして、そのイノベーションは、時として先進国のニーズをも満たすというわけだ。

リバース・イノベーションが生まれるようになった背景には、新興国に進出した先進国企業の反省がある。

彼ら先進国企業は、「新興国の人たちは、先進国の製品ならなんでもありがたがる」と思い込んでいた。そのままでは受け入れられなくても、いくつかの機能を省いて価格を下げるなどのように、多少のローカライズをすれば喜んで使ってくれると考えていた。グローバル市場を見据えて現地のニーズや事情に合わせることを、「グローカライゼーション」、もしくは「グローバルローカライゼーション」などと言ってきた。

しかし、新興国の市場で思うようなシェアが獲得できず、苦戦するうちに、GEをはじめとした一部の先進国企業は、自分たちが行っているグローカライゼーションが間違っていることに気づき始めた。先進国モデルの機能ダウンをしたところで、永遠にその国の人たちが求める商品にはたどりつかない。新興国のニーズに合わせて一から作り直さなければ、誰も受け入れてくれない、と気づかされたのだ。とくにインドのように爆発している市場においては戦えない。なぜなら、現地メーカーはインドのことだけを考えて商品開発をして、市場シェアを急速に獲得しているからである。

先進国モデルは、「もっと心地よく、もっと快適に」と利便性を追求していくのが常だが、新興国では、貧困層も少なくないことから、利便性よりコストが優先されることが少なくない。たとえば、体の内部を撮影するMRIの場合、日本ならコンピュータ制御で機械が人を載せ、心地よくスムーズに移動することが求められるが、インドなら「とにかく安く撮影できるようにしたいから、自動で動かせなくていい。看護士が手で機械を押せばいい」となる。利便性を追求すると、現地のニーズからはまったくかけ離れてしまうことがある。

先進国企業の認識が間違った原因は、「新興国市場は先進国と同じような道をたどって発展する」という先入観を持っていたことがあるだろう。しかし、固定電話が普及していない国で、一気に飛び越えて、携帯電話やスマートフォンが普及しているように、先進国とはまったく違う発展の仕方をするのが最近の新興国市場だ。このような市場では、先進国の常識は通用しないのである。

新興国向けの商品を一から開発していなかった背景には、「新興国向けに作ったものなど、先進国では売れない。だから、コストをかけて開発しても仕方がない」という思い込みもあったのではないかと思われる。しかし、GEの携帯型心電図計などの成功例を目《ま》の当たりにすることで、それが誤った認識であることにも気づかされたわけだ。

アジアで初！　インドの激安火星探査機の軌道投入が成功

バンガロールにインド宇宙研究機構（ISRO）という宇宙工学やロケット発射技術で世

界トップクラスの政府の研究機関の本部がある。
そのISROが二〇一三年十一月に打ち上げた火星探査機「マンガルヤーン」が二〇一四年九月二十四日、火星の周回軌道に到達した。これは世界で、旧ソビエト連邦、アメリカ、欧州に次いでの成功で、初挑戦での成功は単独の国ではインドが初めてである。アジアでは、日本も中国も失敗している。

驚きなのは、その実現期間とコストである。インドは三年で七四〇〇万ドル、アメリカは六年で六億七一〇〇万ドルとのことで、半分の期間と一〇分の一程度のコストで実現した。プロジェクトの難しさは、日本、中国が失敗していることから容易に想像できる。それを破格のコストで実現したのである。まさに、リバース・イノベーションと言っていいだろう。インドのメディアでは、「ジュガード（二二六ページ参照）・イノベーション」とか「フルーガル（質素、倹約）・イノベーション」とも言われている。

インドは、一九七四年、九八年に核実験をしたことで、アメリカなどの先進国からハイテク技術を輸入できない状況になったこともあり、ほぼ自力で実現したようだ。それを可能にしたのは、先進国に負けない技術力、優秀な人材はもちろん、明らかに異なる前提条件、そこで生まれる先進国にはない発想、チャレンジ精神などにあると思う。

さらにISROでは、二〇一六年五月二十三日、再使用できる有翼のスペース・シャトルの試験機「ＲＬＶ－ＴＤ」の打ち上げに成功した。今後実用化して、二〇三〇年頃に実際に人や人工衛星を打ち上げられる実用機の完成を目指し、ロケットの打ち上げコストを現在の一〇分の一にまで引き下げたいとしている。

二〇一七年二月十五日には、ＩＳＲＯが開発した国産ロケット「ＰＳＬＶ」で人工衛星一〇四基を打ち上げることに成功したと発表している。小さいサテライトとはいえ、この数は世界記録である。人工衛星のほとんどは海外からの依頼だそうだ。コスト安が魅力で依頼がきたのかもしれないが、今後、さらに技術、経験を積み重ねていけば、インドの宇宙産業はビジネスとして、インドＩＴ産業と同様に拡大が予想される。

また、そうしてインドの宇宙産業が拡大していく中で、バンガロールが世界の宇宙産業のイノベーションの中心になっていく可能性が高い。すでにバンガロールには宇宙関係のスタートアップが次々と登場し始めている。

現在、世界でGoogle Lunar X Projectというコンテストが開催中である。このコンテストで優勝するには、二〇一八年三月末までに無人探査機の月面着陸を成功させ、最低五〇〇メートルの探査を行い、高精細の動画と静止画を地球に送信する必要がある。民間資金が前提で、優勝賞金は二〇〇〇万ドル（約二二億円）である。

多数の応募の中から、二〇一六年には五チームに絞られ、その中に、バンガロールのスタートアップ企業である「チームインダス」が含まれている。チームインダスは一〇〇人のエンジニアのうち二〇人は元ＩＳＲＯの科学者だ。インドＩＴ業界の著名人たちが支援を表明している。打ち上げには、ＩＳＲＯの「ＰＳＬＶ」ロケットの使用を契約し、自らは月着陸船と探査車を開発中である。

このコンテストには、日本からは「チームハクト」が残っている。彼らは打ち上げロケットと月着陸船を持たないため、インドのチームインダスの開発した月着陸船に相乗りし、月面まで探査車を輸送する契約を締結した。日本とインドの協調と競争がとても興味深い。

（追記：本書校了直前の二〇一八年一月下旬、五チームともにスケジュールに間に合わないことが判明し、主催者側よりコンテストの終了宣言がなされた）。

心臓手術はインドで受ける時代

商品ではないが、バンガロールに本院を持つナラヤナ・ヘルス病院グループもまた、インド発のリバース・イノベーションと言ってよいだろう。

この病院には、インド国内のみならず、世界各国から患者が集まってくる。その理由は、驚異的な低料金で心臓手術ができるからだ。一般的に、アメリカでの心臓手術の費用は二万～一〇万ドルほどかかると言われているが、ナラヤナ・ヘルス病院では、なんと二〇〇〇ドルで手術ができるという。一〇分の一以下の価格だ。

「料金が安いということは、成功率も低いのでは？」と思われるかもしれないが、手術の成功率は、アメリカの最高クラスの病院と遜色ない高さというから、さらに驚かされる。あるアメリカの有名心臓外科医は、「自分が心臓手術をするなら、インドの病院に行く」と言っているそうだ。

アメリカの一〇分の一の低料金で手術ができる理由は、単にインドの人件費の安さだけではない。ナラヤナ・ヘルス病院の非常識な経営改革によるものだ。

この病院の創業者であり院長である、デビ・シェティー博士（Devi Shetty）は、イギリスで心臓外科の経験を積んだ世界的に名高い専門医で、これまで一万五〇〇〇件もの手術の臨床経験を持っている。インドに帰国した後、マザー・テレサの主治医をしていたことでも知られている。二〇〇〇年には、バンガロールのIT企業の集積しているエレクトロニック・シティーの近郊にナラヤナ・ヘルス病院を開院した。

そのシェティー博士が以前から課題にしていたのは、心臓手術費用の高さだ。従来は、インドで心臓手術をした場合でも、アメリカと同様に、二万～一〇万ドルの費用がかかってい

アメリカの10分の1の低料金で心臓手術を受けられる「ナラヤナ・ヘルス病院」。手術の成功率はアメリカの最高クラスの病院とも遜色ない高さだという。

た。これは、一人当たりのGDPがアメリカの三〇分の一であるインドの庶民クラスが払える金額では到底なく、手術が受けられずに亡くなっていく人は少なくなかった。

そこでシェティー博士は、手術の質を落とすことなくコストダウンをする手段を考え、次々と実行に移していった。その結果、手術費用をわずか二〇〇〇ドルにまで縮小することを実現したのである。二〇二〇年代には、八〇〇ドルまで下げることを目標にしている。

なお、この病院では、お金がなくても、必要な手術をしないで患者を帰すことはないそうだ。出せるだけのお金で、残りは慈善団体との協力等でやり繰りしているとのことである。驚きの病院だ。

この病院グループ全体の心臓手術の件数は、二〇一五年度のレポートによると、一日四〇件、年間で約一万五〇〇〇件にも及んでいる。日本の心臓手術で有名な病院でも、年間の件数は一〇〇〇件前後と言われているから、ナラヤナ・ヘルス病院の件数の多さがうかがえる。インド国内の心臓手術の一二％のシェアを持っているとのことだ。

また、このように多数の手術件数をこなすことで、「スケールメリット」を追求している。ご存じの通り、スケールメリットとは、製造業でよく言われる「規模の経済」で、製造などの規模を大きくすることによって生まれるメリットのことである。たとえば、同じ大きさの工場を建てて、商品を一日一〇〇個作るのと、一〇〇〇個作るのでは、一個当たりの生産コストは後者のほうが下がるわけだが、この考え方を医療に持ち込んだのが、ナラヤナ・ヘルス病院だ。

ナラヤナ・ヘルス病院では、医師ごとに担当する疾患が決まっており、その疾患の患者が来たら、その医師が手術をするようにしている。すると、その疾患について、他の病院とは比べ物にならないほどの数の執刀機会に恵まれるので、スペシャリストとして成長し、手術の精度や効率がどんどん上がっていく。結果、成功率が上がり、短時間で手術が終わるので、手術一件当たりのコストが大幅に下がるというわけだ。

また、一人の医師が執刀から手術後のケアまで担当するのではなく、執刀とケアを担当する医師を分けるなどの役割分担をして、ある意味、ベルトコンベアに患者を乗せて対応するような方式を採用しているので、非常に効率が良い。こうしたことは、患者数が多くなければ、成り立たない。

ちなみに、ナラヤナ・ヘルス病院の心臓手術の半分以上は、小児の手術だ。大人と比べて小さな心臓を手術するとなると、難易度は非常に高い。医師の腕が磨かれるのも納得がいくだろう。小児心臓外科のＩＣＵでは、一人の患者に対して、三人の看護医師が常に二十四時間体制で看護に当たっており、必要なところにはしっかりと人員を割いている。

患者数が多ければ、高価な医療機器類をフル回転させられたり、医療用品を大量に買うことで仕入れ値を下げてもらったり、と固定費や変動費を大幅に下げることができる。また、医療用品などを仕入れるベンダーを絞ることで、仕入れコストを抑えている。

医師の給料を、手術件数に応じた歩合給ではなく固定給にしたことも、大きなコストダウンにつながった。忙しいのに固定給だと不満が出そうに思えるが、実際には、シェティー博士を慕い、母国の医療環境の向上という志を持ってやって来たインド人医師が多いうえ、ほかの病院ではなかなか機会が回ってこなかった心臓手術の経験を積むチャンスが得られるので、不満が出にくく、離職率も低いという。また、シェティー博士の志に賛同して訪れる、数百人もの学生やインターンも、経営を支えている。

また、ＩＴ技術を最大限に駆使している。クラウドベースのＥＲＰ（Enterprise Resources Planning：基幹系情報システム）を採用して、毎日正午に、医師や関係者に前日の売上、経費などの経営数字を、携帯電話にＳＭＳ（ショートメッセージ）で送ることで、経営意識を持たせ、日々の経費を細かくコントロールしている。

さらに、クラウドベースのＨＩＭ（Health Information Management）システムを導入し、患者のデータを記録管理し、リアルタイムにアクセスを可能にしている。

病院のシステムやプロセスはＩＴ技術を活用し、標準化、マニュアル化することで徹底したコストカットを行い、品質を下げることなく、驚異的な低料金を実現したわけである。

さらに、二〇一二年末にはバンガロールから車で三時間ほどのマイソールに、三〇〇床の格安の心臓病院を立ち上げた。ここは六億円の費用で、六カ月で完成させた。インドでも普通は数倍の費用と三年はかかると言われている。

病院施設にも随所にコストを抑える工夫が見られる。建物はプレハブも多く、低層の建物にすることで、建設費用やエレベーターなどのランニングコストを抑えた。エアコンを使っているのは、手術室とＩＣＵだけだそうだ。そしてユニークなのは、患者の家族や友人にもコストダウンに協力してもらっていること。包帯の交換のような簡単な作業ができるように、家族などに四時間の看護研修を受けてもらうそうだ。インドには、心臓病院のない五〇万～一〇〇万人の都市が一〇〇カ所以上もあり、今後、同様の展開を考えているようだ。

インドのみならず、マレーシアやバングラデシュ、さらに二〇一四年にはアメリカの非営利医療団体とジョイント・ベンチャーを組み、ケイマン諸島に一〇一床の病院をオープンした。この地域の患者は、手術のためにアメリカへ行く必要があった。マイアミから一時間のフライトなので、アメリカからも患者が訪れそうである。まさにリバース・イノベーションが始まっている。

私はシェティー博士にお会いしたことがあるのだが、そのとき、こんなことを話していたのが印象に残っている。

「リバース・イノベーションの話で取り上げられることの多いグローバル企業でさえ、本当に思い切った改革を進めることはできない。それは、リバース・イノベーションで生まれた新しくて低価格の商品が、既存のハイエンド製品の市場を侵食しては困ると考えるからだ。しかし、インドで生まれた企業は、そういった躊躇《ちゅうちょ》をすることがない」

すでに先発品を販売している先進国のメーカーが、リバース・イノベーションに躊躇なく邁進《まいしん》することは非常に難しいだろう。一方、先発品を持たないインド企業は躊躇なく邁進できる。

ナラヤナ・ヘルス病院グループは二〇一六年にインド株式市場に上場したが、経営数字はデータが公開されている二〇一一年以降では、投資の大きかった二〇一四年度以外は黒字を達成している。ボランティアではなく、ビジネスとして成り立たせることで、さらなる継続的な成長が期待される。

圧倒的な手術実績による経験値、その膨大な医療データ、コスト低減の必要性、今後も増大する患者数、さらに最新のＡＩなどのＩＴ技術の活用で、これまでは明らかになっていなかった「心臓手術が成功するときに不可欠な要素」や、「症状が急激に悪化するときに起こる前触れ」などが判明するかもしれない。新たな治療法や予防法など画期的な発見が生まれる可能性は大きい。

インドは心臓手術に限らず、医療分野でイノベーションを起こす条件が整い始めている。

登録者一二億人！ インド版マイナンバー「アーダール」

政府が始めた「アーダール（Aadhaar：ヒンディー語で意味は「基礎」）」というプロジェク

トも、ある意味、リバース・イノベーションと言えるかもしれない。

アーダールは、インドに住む一三億人の個人に、一二ケタのＩＤ番号を割り当てるプロジェクトだ。もともとインドには、住民票や社会保障番号のような個人を特定できる番号がなく、身分を証明するすべがなかった。そのため、四億人とも言われる貧困者は、生活保護などの政府のサービスを受けることができずにいた。それどころか、銀行の口座すら開設できなかったのだ。そこで政府は、このＩＤ番号を普及させることで問題を解決し、様々なサービスが受けられるようにと考え、プロジェクトを開始した。

二〇〇九年二月にこのプロジェクトを実行するために、ＵＩＤＡＩ（Unique Identification Authority of India）という政府の省レベルの組織が設立され、インフォシスの共同創業者であるナンダン・ニレカニ氏（Nandan Nilekani）が総裁に就任した。開発センターはバンガロールに設立された。その後、データセンターもバンガロールに設置された。

このプロジェクトが始まった二〇〇九年、インド政府は国民会議（コングレス）が与党だったが、二〇一四年にモディ首相のＢＪＰ（インド人民党）が政権を奪取した。ＢＪＰは国民会議とはまったく異なる思想を持った政党であるため、アーダールに関しては見直しになると考えられたが、実際には見直されることなく、そのまま進められることになった。インドの将来のためなら政敵の案でも受け入れるモディ首相の度量の広さもあるのだろうが、それだけこのプロジェクトがインドにとって重要なプロジェクトだったということだろう。

アーダールは、いわゆる日本のマイナンバーのようなものだが、マイナンバーと異なる点がある。それは、世界最先端のテクノロジーを使って、個人認証をすることだ。具体的にいえば、個人登録をするときに、手の一〇本の指紋と目の虹彩の情報を政府に提供することで、一二ケタの番号を受け取る。

そして、銀行や役所などでIDの認証が必要な場合は、一二ケタの番号を提示し、窓口の指紋認証の機械に指を載せるだけで、自分であることが証明されるのである。保険証、もしくは印鑑証明で、本人になりすませる可能性のある日本より、断然進んだシステムである。

指紋と虹彩の両方の手段を用意しているのは、腕を失っていたり、失明していたりする人に対する配慮である。個人情報に関しては、顔写真、名前、住所、性別、誕生日、オプションとして携帯番号、電子メールアドレスを登録する。政府が運用するアーダール・システムはネットワークを通じて、ID番号と指紋情報を受け取り、それに対して「Yes」もしくは「No」を答えるのみで、あくまで、個人認証のみを行うのである。

加入は強制ではなく、本人の意思による任意制度が採用され、インド各地に登録センターが立ち上げられた。とくに貧困層の多い地域から加入手続きが始められ、当初は、よくわからず登録した人も多いようだが、加入者はうなぎのぼりに増えていった。

二〇一〇年九月にID番号の発行を開始すると、順調に登録者を増やし、二〇一六年四月にはついに一〇億人を突破した。登録開始から五年半で一〇億人突破は、デジタルプラットフォームとしては、フェイスブックやアンドロイドの普及より早いと言われている。なお、二〇一七年には約一二億人に達し、税務申告のためには番号取得が義務づけられた。


日本でマイナンバーカードがいっこうに普及しない一方で、インドのアーダールがわずか五年半で一〇億人にまで普及したのは、個人を証明できる手段が一切なかったからだ。日本の場合は、戸籍謄本や住民票、運転免許証など、個人を証明できる公的書類があるため、マイナンバーカードがなくても困ることがない。一方、インドの場合は、アーダール以外に方法がなく、それを取得することが様々なメリットにつながり、普及が加速したと言える。固定電話が日本のように普及していないからこそ携帯電話やスマートフォンが一気に普及したケースもまさにそうだが、何もないからこそ、ダイナミックな変化を起こせるわけである。

アーダール・システムは、ある特定の人の指紋または虹彩データと一二ケタの番号を受け取り、一〇億人以上のデータベースから検索し、それが正しいかどうかを瞬時（二〇〇ミリ秒）に判定するシステムである。この規模のシステムは世界でも例がない。驚きの技術だと言える。

システムには、大規模データを分散処理するフレームワーク「Apache Hadoop」や、データベースの「MySQL」など、オープンソースが活用されている。コスト削減のためだけではなく、特定企業のソフトウェアに依存しない、オープンでスケーラブルなシステムを目指している。もちろん、データセキュリティにも最新のテクノロジーが採用されている。

インド政府は、二〇一五年五月に「Digital India」の政策として、「Open API ポリシー」を発表している。政府系のシステムはすべてＡＰＩ（アプリケーション・プログラミング・インターフェース）を公開することで、相互接続性を確保し、迅速な各種システムの統合を実現、安全にデータの共有を可能とし、イノベーションを加速させるためだ。

アーダール・システムでも、ＡＰＩが公開され、ＳＤＫ（ソフトウェア開発キット）が提供されている。二〇一五年六月には、四十八時間のアーダール・ハッカソンが開催され、五〇〇〇人が参加し、政府系サービス、金融サービス、ペイメント（決済）サービス、ヘルスケアサービスなどの応用開発が競われた。

注目の「インディア・スタック」とは？

■ インディア・スタック

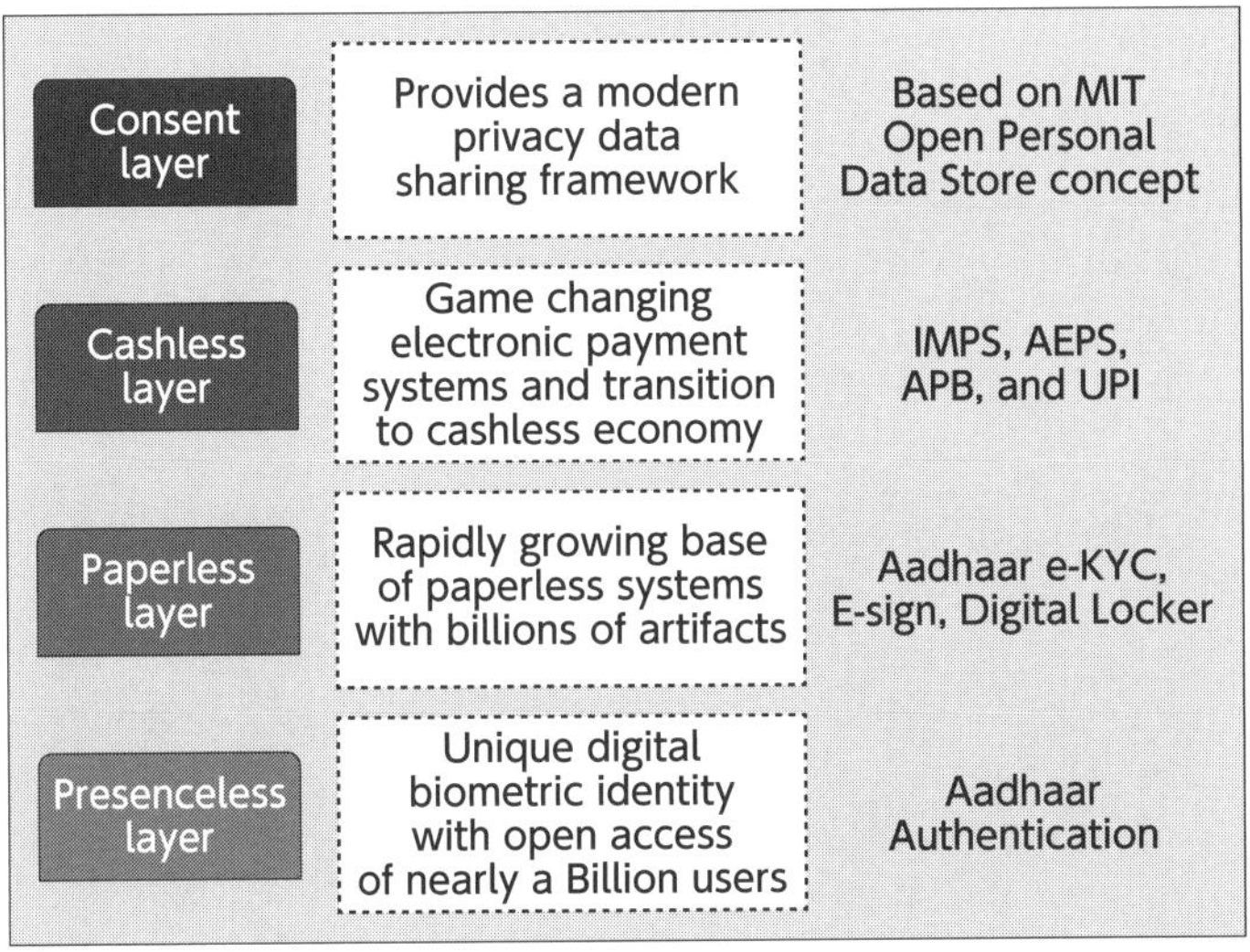

Layer	Description	Technology
Consent layer	Provides a modern privacy data sharing framework	Based on MIT Open Personal Data Store concept
Cashless layer	Game changing electronic payment systems and transition to cashless economy	IMPS, AEPS, APB, and UPI
Paperless layer	Rapidly growing base of paperless systems with billions of artifacts	Aadhaar e-KYC, E-sign, Digital Locker
Presenceless layer	Unique digital biometric identity with open access of nearly a Billion users	Aadhaar Authentication

アーダールを基盤として、さらに様々な問題を解決するためのアーキテクチャとして、インディア・スタック（India Stack）というものが開発されている。

インディア・スタックは、四つの独立したレイヤー（層）から構成されている。プレゼンスレス・レイヤー、ペーパーレス・レイヤー、キャッシュレス・レイヤー、コンセント・レイヤーと言われ、それぞれのレイヤーのＡＰＩがすべて公開されている。政府に限らず、企業、スタートアップがいろんなサービスを開発できる。レイヤード・イノベーションとも言われる。

すでに、電子的に本人確認を行う「e-KYC」、署名を行う「e-Sign」、書類を保管する「Digital Locker」などのサービスが開始されている。また、NCPI（インド決済公社：National Payments Corporation of India）は、銀行間で統一的にやり取りするインターフェース「UPI：Unified Payments Interface」を公開している。

コンセント・レイヤーはMITのオープン・パーソナル・データ・ストアという考えに基づき、個人のデータは個人が保有し、必要に応じて個人が使用許諾をするという仕組みを提供している。

目指しているのは、プレゼンスレス、ペーパーレス、キャッシュレス社会の実現だ。役所や銀行などに行く必要もなく、必要な書類はすべて電子化され、現金を使わない社会である。数年前まで個人IDがなかった国が、今や世界をリードする先進的なサービスを提供する存在へと変わっているのである。実際、インドの人々の生活は劇的に変わりつつある。

ちなみに、インディア・スタックの開発や普及には、iSPIRT（Indian Software Product Industry Round Table）という非営利のシンクタンクが大きく貢献している。

iSPIRTは、二〇一三年二月に三〇社のソフトウェア製品企業を中心にバンガロールで設立され、運営には政府資金は入らず、寄付とボランティアにより運営されているユニークな組織である。

インドは今までソフトウェア〝サービス〟産業が中心だったが、iSPIRTはソフトウェア〝製品〟産業を創出することを目標に活動をしている。

その主な活動は、政府への政策提案や、インディア・スタックなどの公共の技術的な基盤の提供である。UIDAIの初代の政府責任者であったナンダン・ニレカニ氏も深く関わっており、エバンジェリストとしても活動をしている。

ナンダン・ニレカニ氏は、「インドは経済発展が遅れたため、Data poorの国であったが、インディア・スタックにより、一気にData richな国になることで、リープフロッグ型の経済発展を実現できる」と語っている。

一気にキャッシュレス化から始まるインド・フィンテック革命

二〇一六年十一月八日、モディ首相は高額紙幣の廃止を突如発表し、四時間後から実行された。インドの高額紙幣の中で、それまで使用されていた五〇〇ルピー札と一〇〇〇ルピー札の使用禁止を宣言したのだ。持っている人は、十二月三十日までに銀行に行き、入金をする必要があり、その後新たに引き出せば、新札の五〇〇ルピー札と二〇〇〇ルピー札が利用できる、というものだった。

結果、大混乱である。実際、新札の量が少ないため、現金での高額な買い物ができなくなり、経済的にもインパクトがあった。こんな強引な政策を実行した背景には、偽札対策、ブラックマネー対策、キャッシュレス社会の実現といった狙いがあった。最終的には貧富の差の縮小を目指している。

インドは現金社会である。アーダールの導入で銀行口座数は急増しているものの、クレジットカードの普及率は五％以下と低い。

インドで生活すると、買い物時にお店側が小銭を用意していないことが多く、お釣りがないということで、代わりにチョコレートや、キャンディー、もしくは「Next time!（今度ね）」と言われることもある。

最近はｅコマース市場の急成長にともない、「ペイティーエム」や「モビクイック（MobiKwik）」などのモバイルウォレットが急速に普及し始めている。これはスマートフォン・アプリに入金することで、ｅコマースや公共料金、携帯電話利用料、ローカルなお店でも使えるというものだ。

銀行口座がなくても提携したお店で入金でき、さらにアプリから呼び出せば、ＧＰＳ情報で現在位置を調べて、入金のために人が来てくれる。モビクイックは二〇〇九年、ペイティーエムは二〇一〇年に起業したスタートアップだ。最近では、小売店の多くにペイティエムのQRコードの表示があり、普及の勢いはすごい。すでにペイティエムは、インド最大の電子決済サービスにまで成長している。

インドの銀行は、それぞれ電子決済用スマートフォン・アプリを提供しているが、NCPI（インド決済公社：National Payments Corporation of India）が公開しているUPIに対応を始めたことで、銀行間の送金が極めて簡単になった。スマートフォン・アプリを通じて、自分のVirtual Payment Address（VPA）を発行し、それに自分の口座番号を紐づければ、その後は、口座情報ではなく、VPAだけで送金とお金の受け取りが、リアルタイムで可能となった。しかも手数料はほとんどない。したがって少額の支払いにも使える。

さらに二〇一六年十二月二十九日にはインド政府自身がスマートフォン・アプリ（Bharat Interface for Money：BHIM）を発表した。スマートフォンがあれば、アーダール番号だけでも、送金、お金の受け取り、お店での支払いまでできるようになる。アーダール番号以外にも、電話番号、VPAでも大丈夫だ。もし支払いをする店に、スマートフォンとそれに接続される生体認証装置があれば、指の認証だけで、スマートフォンもなくてもいい。すでに市販のタブレットで、生体認証機能付きも登場している。

モバイルウォレット、銀行系スマートフォン・アプリ、政府スマートフォン・アプリBHIMの登場で、インドは一気にキャッシュレス社会に向かっている。先進国でもこんな例を見たことはない。現金、プラスティックカード、ATM、POS端末がいらなくなりそうだ。スマートフォン・オンリーから、さらに進んで、スマートフォンなしで、指一本でなんでもできる世界ができつつある。驚きのフィンテック革命が始まっている。目が離せない。

多様性がイノベーションを生む土壌に

ここまで、インドで起きたイノベーションを紹介してきた。リバース・イノベーションは、新興国で起こることはすでに述べたが、インドは世界で最も起きやすい地域だと言っても過言ではない。

理由の一つは、前述したような「インフラが未熟で、制約が多いこと」が挙げられるが、それ以外にも、インドにはイノベーションが起きる要因がいくつもある。

まずは「多様性」だ。日本から見ると、インドはどこも同じであるように見えるが、いざ現地に行くと、事あるごとに、インドの多様性に驚かされる。

たとえば、言語は公用語のヒンドゥー語のほか、ベンガル語やカンナダ語など、州の言語が二一もあり、「一〇〇キロメートル行けば話す言葉が変わる」と言われている。同じインド人でも何を言っているかさっぱりわからない、ということが、当たり前のように起こる国だ。

一〇〇キロメートル行けば変わるのは、食事もそうだ。ひと口に「カレー」と言っても、地域ごとに料理はまるで違う。宗教も、ヒンドゥー教だけでなく、イスラム教やジャイナ教、キリスト教、仏教などがひしめき合っている。貧富も天と地の差がある。

こうした多様性のある国は、様々な考え方を持つ人がいるので、その人たちがぶつかり合うことで、思いもよらないアイデアが生まれることがある。これが、イノベーションの何よりの肥やしとなるわけだ。反対に、日本のような多様性に乏しい国から、イノベーションが出にくいのは、言うまでもないだろう。


また、繰り返し述べてきたように、高度なＩＴテクノロジーを身につけた優秀な人材が豊富にいることも、イノベーションを起こす土台となる。いくら画期的なアイデアでも、形にできなければ、絵に描いた餅である。形にできる優秀な人材がいるからこそ、イノベーションを具現化できるというわけだ。

インド人特有の「ジュガード精神」とは？

また、インド人特有の考え方である「ジュガード精神」も、イノベーションが起きることと無関係ではないだろう。

ジュガードとは、ヒンディー語で、「なんとか工面する」「やり繰りする」「その場をなんとかしのぐ」といった意味だ。転じて、「ピンチをチャンスにする」「決してあきらめない」といった意味もある。

その考え方には弊害もあり、インド人は、何かを聞かれると、自信がなくても「Yes, I can.」と言ったり、「ノープロブレム」と安易に言ったりすることがある。インドの中央銀行であるＲＢＩ（Reserve Bank of India：インド準備銀行）の総裁が、「ジュガード精神は恥ずべきだ」と言っていたこともあった。

しかし、私はこの「ジュガード精神」が、インドのイノベーションに役立っていると考えている。難しくてもあきらめず「逆境を利用する」「少ないものでより多くを実現する」「柔軟に考えて迅速に行動する」「シンプルにする」といった行動をとることが、イノベーションにつながっていると思うからだ。

このような条件を踏まえると、改めて、インドはイノベーションが起きやすい国であることを実感する。

ソフトウェア開発において、ウォーターフォール型開発とアジャイル型開発という方法がある。ウォーターフォール型開発はしっかり計画を立て、マイルストーンを置き、着実に確認をしながら開発を進める方法である。

よくインド人から、日本人と仕事をすると、会議、打ち合わせばかりで、何もソフトウェア開発が進んでいない。さっさとソフトウェアを開発してみたらどうかと言われたりする。ソフト開発に限らず、日本企業は周到な計画を立て、プロセスを重視する傾向がある。そのやり方は多くの関係者を巻き込み、コンセンサスをとりながらやることで、メリットも多いが、環境の変化に対応が遅れがちになりやすい。

一方、アジャイル型開発は、いろいろな前提条件が変わることを前提に、絶えず見直しをしながら開発を進めるやり方である。計画時にはわからなくても、開発を始めて気づくことも多い。それに柔軟に対応する方法である。

世界的にも多くのネットサービスの開発やスタートアップ企業では、アジャイル型開発が主流になりつつある。トライ・アンド・エラーを繰り返すことで、最終ゴールを目指す方法である。環境変化や技術変化の激しい時代に適しており、インドＩＴ業界でも主流になりつつある。ジュガード精神を持つインド人には、アジャイル型開発は、受け入れやすい考え方、手法である。

日本は計画、プロセスを重視する文化、インドは実行、結果を重視する文化とも言える。日本人は、「インド人と仕事をすると、なんでもできると言われてしまう。どうやってやれるのか（Ｈｏｗ）を示してくれない」と心配になってしまう。一方、インド人からすると、「日本人は細かいＨｏｗばかりを聞きたがる。知りたいのは、Ｗｈａｔなのだけど、それがよくわからない」といったギャップも起きやすい。

これもジュガード精神からくるのかもしれない。

ローカル・グロース・チームがイノベーションを起こす

リバース・イノベーションを起こすことができれば、全世界で受け入れられる商品やサービスを生み出せる。企業が力を入れるのは当然である。

では、イノベーションを起こした企業は、何をしていたのか。ゴビンダラジャン教授は、数々の事例を研究したうえで、次のようなポイントが必要であると述べている。

そのポイントの一つが、ローカル・グロース・チーム（以下LGT）とは、新興国に拠点を置く、機能横断型の起業家的な組織のことである。いわば、リバース・イノベーションを起こすための精鋭部隊であり、こうした部隊が現地で腰を据えて取り組むことで、初めてイノベーションを起こせる可能性が出てくる。

ゴビンダラジャン教授が「起業家的な組織」と言っているのは、うまくいっているLGTは、大きな権限を与えられているからだ。本社にいちいち指示を仰ぐと、本社の常識で「こんなものは受け入れられない」などと判断され、せっかくのアイデアが潰されることはよくあることだ。

実際、GEのLGTは、インドで心電図計を開発したときに、大きな権限を持っていた。だからこそ、先進国では非常識に見えるような製品を世に出せたわけだ。

日本企業も、白物家電のような生活に密着した製品を作っているメーカーは、現地にLGTのような開発チームを置いていることが少なくない。たとえば、洗濯機を作る場合、サリーを洗うといった習慣は日本人にはないので、それならインドで現地のニーズに耳を傾けながら、製品開発をしたほうが良いと考えるわけだ。

ところが、その他の製品を扱う企業は、「グローバルに同じもので良いのではないか」と考える傾向が少なくない。とくにカメラやスマートフォンなどのデジタル機器類はその傾向が顕著だと私は感じている。あのスティーブ・ジョブズでさえ、「世界の若者は皆同じ商品が欲しいのだ」と言っていたぐらいだから、日本企業がそう考えても無理はないが……。

「Make in India」とフォックスコンのインド展開のインパクト

さらに最近は、「Make in India（インドで作ろう）」構想によって、インドの製造業もレベルアップしつつあり、イノベーションを形にする可能性はますます高まっている。

「Make in India」構想とは、モディ首相が、二〇一四年五月に首相に就任したときに掲げた構想だ。

インドでは、IT産業が成長する一方、製造業の発展の遅れが長年、課題とされていた。そこにメスを入れるべく、モディ首相は、GDPに占める製造業比率の目標値を、現状の約一五%から、二〇二二年までに二五%以上に引き上げるとぶち上げたのである。

そのための策の一つが、二〇一五年二月にスマートフォンの完成品の輸入関税比率を約六%から一二・五%に引き上げたことだ。インド国内で組み立てた場合の物品税は約一%しかかからないため、インド国内でスマートフォンを組み立てたほうが、完成品価格は大幅に安くなる。

この策は当たり、Counterpoint reportによると、スマートフォンのインド生産は、二〇一四年の一四％から、二〇一六年には六七％となり、八三〇〇万台が生産された。

なお、二〇一七年十二月に、輸入関税比率は一五％にさらに引き上げられた。

それと平行して、インド製造業に大きなインパクトを与えたのが、台湾のフォックスコン（鴻海精密工業）がインドに生産拠点を設立したことだ。フォックスコンは、世界最強のＥＭＳ（電子機器の受託製造サービス）であり、ｉＰｈｏｎｅやプレイステーション、Ｗｉｉなどの組み立てを同社が行っていることはよく知られている。日本では、シャープを買収した企業としても有名だろう。

そのフォックスコンの郭台銘（テリー・ゴウ）董事長が、「二〇二〇年までにインドに一〇～一二の工場を建設し、一〇〇万人を雇用する」と発表したのである。現在、最大の生産拠点である中国での雇用人数が一二〇万人だから、それと匹敵するほどの拠点をインドに置くというわけだ。二〇一六年にはすでに南部アンドラプラデシュ州でスマートフォンの生産を開始し、月産一〇〇万台を大きく上回っている、と報じられている。

もし、フォックスコンの進出が成功すれば、その衝撃は計り知れない。インドは電力などのインフラ整備が遅れているが、中国に次ぐ、ゆくゆくは中国を超える世界の工場になれるポテンシャルを持っていることを証明できるからだ。

そうなれば、もともと栄えていたＩＴ産業との連携も考えられるし、リバース・イノベーションを起こしたうえで、その製品をインドで生産するという道筋も考えられる。ドイツ政府が進める製造業を革新するプロジェクト「インダストリー４・０」も、世界一発展させられるのはインドになるかもしれない。となれば、世界中を巻き込んだ大「インド・シフト」が始まるだろう。

インドは「新興国にもかかわらずＩＴ先進国」という稀有な国

『Conquering the Chaos : Win in India, Win Everywhere（混沌を克服せよ：インドで勝てれば、世界中どこでも勝てる）』

これは、ラヴィ・ヴェンカテサン氏が著した書籍の題名だ。

ラヴィ・ヴェンカテサン氏は、二〇〇四〜二〇一一年までマイクロソフト・インディアの会長を務め、同社をマイクロソフト社グループで世界第二位の地位にまで育て上げた経営者である。ＩＩＴボンベイ校を卒業した後に、ハーバード・ビジネススクールのＭＢＡを取得するという典型的なインド人エリートの経歴の持ち主で、現在はインドの国立銀行であるバローダ銀行の会長を務め、インドの巨大ＩＴサービス企業であるインフォシスの社外取締役も務めている実力者だ。

書籍名の意味するところは、インドは新興国の問題をすべて抱えている潜在的な巨大マーケットであり、インドでビジネスを成功させられれば、どの新興国のマーケットでも戦えるということである。

繰り返しになるが、インフラの未整備や貧困層の多さ、識字率の低さなど、リバース・イノベーションの種とも言える「制約」をたくさん抱えた新興国は、インド以外にもたくさんある。

また、イノベーションのアイデアを形にできる高度ＩＴ人材を有する国も、人数のスケール感ではインドに及ばないものの、やはりほかにもある。スタートアップを支援する環境も、アメリカやイギリス、イスラエルなどは十分に整っている。

しかし、このイノベーションに必要な双方の要素を満たしている国は、世界でも、インドぐらいである。リバース・イノベーションを起こすには、インドに進出することが最良の選択肢なのだ。

すでに何度も述べているように、欧米やアジアの企業は、そのことを十分認識し、社を挙げて、本気になってインドに挑み、もがいている。日本企業も、今すぐに「インド・シフト」を進めることが必要だ。

第7章

ＩＴ分野での日印連携に向けて

バンガロールが持つ「七つの吸引力」とは?

なぜ、世界のトップ企業は「バンガロール」に開発拠点を置くのか、ここまで、その理由について述べてきた。改めて、バンガロールの吸引力の秘密をまとめると、以下の七点に集約されるだろう。

1. 世界最先端のITテクノロジーが集積し、高度な仕事ができる

今や、インドの大手ITサービス企業は、時代をリードする大手欧米企業から、世界最先端のITテクノロジーを要する業務を請け負っている。だから、技術力や業界知識などのノウハウが蓄積しており、非常に高いレベルの仕事ができるようになった。IT技術は急速に変化しているが、スピードとスケールを持ってキャッチアップし、レベルアップしている。インドに拠点を置かなくても、彼らに業務委託することはできるが、バンガロール内に拠点を持ったほうが、彼らと協業しやすい。

2. 世界のITトレンドがいち早く読めるようになる

スマートフォン黎明期に、バンガロールで、まだ小さな勢力だったアンドロイドの開発が急ピッチで進められていたように、今後のトレンドを占えるような仕事が、バンガロールには数多く舞い込んでいる。そうした情報を現地で入手することで、将来のトレンドを先回りして知ることができ、読めるようになる。

3．ITエンジニアを必要なだけ雇用できる

自社で拠点を持つ場合は、高い技術力を持った百人単位のエンジニアを三カ月から六カ月程度で雇うことができる。こんなことができる地域は、世界でもバンガロール以外では見当たらない。

4．コストを抑えられる

とくに対ドルでは、ルピー安が続くことから、人件費の上昇をカバーし、いまだにアメリカの数分の一程度のコストで雇用できる。経済特別区に自社拠点を構えれば、法人税などの免税措置が受けられ、実質的なコストをさらに抑えられる。

5. グローバル人材を獲得できる

グーグルやマイクロソフト、アドビシステムズなど、世界的なＩＴ企業のトップを、インド人が務めることは珍しくなくなった。そうしたトップエリートの多くは、アメリカ生まれのアメリカ育ちではなく、インドに生まれてインドの大学で学んだ後、シリコンバレーで活躍している。バンガロールなどに拠点を置くことで、そうしたインドの大学にリクルーティングをかけ、原石を青田買いすることができる。

6. リバース・イノベーションを起こしやすい

第６章で述べたように、インドには、新興国で生まれ、先進国にも広がっていくリバース・イノベーションを起こしやすい環境がある。インドでヒットする商品を生み出せれば、世界的なヒットが期待できる。

7. マーケットが今も右肩上がりで拡大中

言うまでもなく、市場としてのインドもまた、魅力的だ。先進国のみならず、中国やブラジルなどの新興国市場も伸び悩みつつある中、インド市場は今も勢いよく成長し続けている。実質国内総生産（ＧＤＰ）の成長率は七％を超え、世界の主要国の中で最も高い成長を遂げている。人口もますます増えることが予想されており、市場もさらに拡大することは確実だ。インド市場で高いシェアを勝ち取ることができれば、企業も大きく成長できる。

これらの点にメリットを感じ、世界のトップ企業はバンガロールに拠点を置いているわけだ。社内システムの開発拠点、商品ソフトウェアの開発拠点、商品設計・エンジニアリング拠点、R&D・新規技術開発拠点、イノベーションハブ、新興国向け新規事業の開拓拠点などなど、拠点に持たせている機能は各社で異なるが、ほぼ共通しているのは、「グローバル＋新興国をターゲットにした戦略拠点」であることだ。

バンガロールは、東南アジアや中東には直行便で行け、さらにアフリカにもアクセスが良く、そうした国々に進出するための製品開発の戦略拠点として都合が良い。すでに述べたように、本国以外では最大規模の拠点をバンガロールに持つ企業は珍しくなく、現地法人のトップも、本社から戦略的な人選、配置がされていることが多い。こうした世界のトップ企業に比べて、日本企業はバンガロールに開発拠点を置いている企業が少ない。

このままでは、バンガロールで着々と研究開発に励む外国の企業と、何もせずに手をこまねいている日本企業の差は今後どんどん広がり、日本企業は外国企業の背中を追うどころか、もはや背中すら見えなくなってしまうだろう。手遅れにならないためには、日本企業もできるだけ早くバンガロールに戦略拠点を置くべきである。それも、日本から第一線の人材を派遣し、数百人から数千人規模のインド人スタッフを擁して、グローバルに通じる製品やサービスの研究開発を行う一大拠点を置くべきだ。最終章では、その必要性を改めて日本企業に提言したいと思う。

中国やベトナムではなく、インドである理由

バンガロールに戦略的な開発拠点を置く重要性を説くとき、よく言われるのが、「他の国ではダメなのか？」ということである。日本は、近くに中国があるし、もう少し足を延ばせば、ベトナムやインドネシアが、さらにインドの隣にはバングラデシュもある。何もインドまで行かなくてもいいではないか、というわけだ。

確かに、人件費だけ見れば、インドより安い地域もある。しかし、インドには、それらの国では代用できないことが数多くある。

まずは、ＩＴ技術力の高さだ。最近では、中国やベトナムなどのＩＴサービス企業の技術力も進歩しているが、インドのＩＴサービス企業の技術力は想像以上に高い。ＩＴ技術者の数も、ケタ違いに多い。二〇一六年現在、インド全体のＩＴ技術者は三七〇万人もいるう

え、毎年、理工系学部の卒業生が一〇〇万人生まれ、その中から二〇万人がIT業界に加わっている状況だ。必要があれば、年間で一〇〇〇人以上の技術者を雇うことも十分可能だ。あり余るほどの技術者がいるので、企業規模もケタ違いに大きくできる。インドのITサービス企業は数万人規模が当たり前であり、一〇万人を超える企業が五社もある。多国籍企業のインド拠点を見ても、数万人を雇っている企業がいくつもある。

こんな芸当は、同じように一〇億人以上の人口を持つあの中国ですら、不可能だ。中国の最大手のITサービス企業であるパクテラやニューソフトの、本国での従業員数は、二万〜三万人といった程度だ。またスケール以上に、インドが相手にしているのはIT先進国であるアメリカであることからも技術レベルの高さが窺える。

コスト削減のために、下流工程だけをオフショアするのであれば、日本流でオフショアができる中国やベトナムでも構わない。そうした中で、私がインドに開発拠点を置くことを勧める最大の理由は、「イノベーションが起こしやすい」ということだ。

イノベーションの必要性は、どの業界の企業でも絶えず議論されていることだろう。これまで通りの仕事を続けるだけでは、企業の大きな成長は望めないし、時代とともに衰退していくのは免れない。持続的に成長し続けるには、商品やサービスなどにイノベーションを起こすことが必要だ。

思えば、かつての日本企業は多様なイノベーションを生み出してきた。しかし、近年の日本で、斬新なイノベーションが起きているかというと、ほとんど思い当たらない。その原因の一つは、日本の置かれた環境にあると私は考える。水道、電力、鉄道、通信など、あらゆるインフラが盤石《ばんじゃく》に築かれ、街に出れば生活に必要なものはすべて揃い、どこに行ってもそれなりに質の高いサービスが受けられる。要するに、大きな問題はほとんど解決されている状況だ。

そんな日本にあって、製品やサービスの差別化を図るのは非常に難しい。消費者に選んでもらうには、いかにかゆいところに手が届くかを競い合うしかない。その結果、新たに登場する商品やサービスは細かな部分に改善を施したものばかりになっている。日本にいれば、どうしても、こうした先進国のユーザーを念頭に置いた発想ばかりになってしまうものだ。先進国どころか、日本という特殊な国だけで喜ばれるサービスも非常に多い。

先進国目線のものづくりをしていれば、新興国や途上国を含めた、世界中で求められるようなイノベーションを起こすのは難しい。世界の人々が求めるイノベーションは、もっと抜本的な問題を解決することである。日本製品のような、微に入り細を穿《うが》った工夫を見せられても、「そんな些末《さまつ》なことはどうでもいい。それより、もっと根本的なことを解決してくれ」と思われてしまうのがオチだ。しかし、日本という島国の中だけで物事を考えていると、どうしても日本の常識が世界の常識だと思い込んでしまうものである。

世界の人々に喜ばれるイノベーションを生み出すためには、日本の外へ飛び出すこと。なかでもインドに行くのが最も望ましいと私は考えている。インドに行けば、そこには日本とは真逆の環境が待ち受けている。貧困や、空気や水などの環境汚染、インフラの不備、さらには政治腐敗と、問題は山積み。日常生活でも、不衛生なものが売られていたり、日本にあるような便利グッズがなかったり、サービスの質が低かったりと、あちこちにトラブルのもとが転がっている。言い換えれば、リバース・イノベーションの種がいくらでも落ちているような状況だ。こんな環境に身を置けば、その種を拾うことで、イノベーションを生み出せる可能性が高まる。

インドの面白いところは、その割に、携帯電話やスマートフォンは普及していたり、アーダールのような民間企業がアプリを載せられる公的プラットフォームが確立していたり、と解決の手段に使えそうな最先端のツールは揃っていることだ。つまり、解決のバリエーションは幅広い。こんな国は、インド以外にはない。

インドの多様性もまた、イノベーションを起こすうえで大きな役割を果たす。日本と違い、インドは、文化も宗教も物事の捉え方も異なる人々がひしめいている社会だ。カースト制度は現在は法律では禁止されているが根強く残っていたり、宗教も、ヒンドゥー教やジャイナ教、イスラム教、キリスト教、仏教と、多様な宗教の信者が共存している。二九の州と七つの連邦直轄領があるが、「ユナイテッド・ステイツ・オブ・インディア」と呼ばれるように、それぞれので地域で文化が異なり、公用語も異なっている。州が違うとまったく言葉が通じなくなるほどだ。「カレー」とひと口に言っても、地域によって料理法はまるで違ってくる。これだけ複雑な状況なので、そこに住む人々の人生観や金銭感覚も千差万別だ。

このように、様々な考え方を持った人たちと、現地で直《じか》にふれ合い、生きたニーズを汲み取れば、多様な人に受け入れられる製品やサービスを生み出せる。旧来のグローバル戦略のように、先進国で作ったハイエンドな製品を、時間差で持ち込んだり、機能ダウンして提供したりするのとは、一八〇度違う方法だ。

斬新なアイデアが出てこなくても、インドのニーズに合う形での改善を継続的に行うという日本が得意な方法を愚直に行っていけば、イノベーションが起きる可能性は高いと私は考えている。実際、リバース・イノベーションを起こした製品やサービスを見ると、ＧＥの携帯型心電図計などは、改善の賜物《たまもの》だ。

日本企業はシリコンバレーへ、シリコンバレー企業はインドへ

　このようなインドやバンガロールならではの特質を、シリコンバレーの企業が見出し、活用している一方で、日本企業はインドには目もくれず、シリコンバレーばかりに注目している。近年、日本の大手企業がシリコンバレーに進出するケースが増えているのは、その証拠だ。

　日本企業のシリコンバレーへの進出は、情報収集、技術開発、イノベーション戦略など様々な目的がある。そのためには、「シリコンバレーの優秀な技術者を獲得すること」が必要となるが、そうした人材を日本企業が多人数、雇うのは極めて難しい。シリコンバレーでの人材獲得競争は激しく、その給料は高騰しており、コストに見合ったパフォーマンスが得られるかというと疑問符がつく。

　一方、シリコンバレー企業は、以前からインドに注目し、開発拠点を作り、インドで積極的に人材を採用している。しかも移管できる業務はインドに移し、シリコンバレーではさらに進んだ分野にフォーカスする戦略をとっているのだ。インドで、数分の一の開発費でできる仕事をシリコンバレーで開発してもまったく意味がないのは明らかだ。しかも年々、イン

ド開発拠点はレベルアップしており、技術変化が激しい時代は、優秀な人材が採用でき、規模拡大ができるインドは圧倒的な強みを持つ。「インド・シフト」はますます加速している。シリコンバレーとバンガロールが密接に関わり合っている今、バンガロールでも最先端情報は様々な形で入手できる状況になっている。

日本企業は、なぜインドに目が向かないのか。その理由として、日本企業の幹部や影響力のある知識人と言われている方々が、インドをほとんど知らないことが挙げられる。欧米などの先進国でキャリアを積んだ方が多く、最近では中国や東南アジアの経験者は増えてはいるが、インドとなると一度も訪問したことがない方が多い。

現場レベルでは、インドでビジネス展開するために、インドの販売拠点や製造拠点に派遣される日本人は増えているものの、絶対数はまだまだ少ない。多くは、本社側の理解が得られず苦しんでいる。インドでは、「OKY（おまえ、ここに来て、やってみろ）」という言葉が流行るぐらいである。

ましてや技術系のCTOやCIOクラスの方はインドとは無縁だ。シリコンバレーに駐在経験があり、アメリカのIT事情に詳しい日本人でも、不思議とインドには行ったことがない。したがって、インドIT業界を理解している方は極めて少なく、インドに開発拠点を置くことは議論すらされていないのが実情だ。

二〇一四年五月にモディ首相が就任以来、アメリカやシリコンバレーを代表するＩＴ企業のトップが次から次にインドを訪れ、モディ首相と会談をしている。

フェイスブック（二〇一四年十月）、マイクロソフト（二〇一四年十二月）、ＩＢＭ（二〇一五年七月）、グーグル（二〇一五年十二月）、オラクル（二〇一六年二月）、シスコ（二〇一六年三月）、アップル（二〇一六年五月）、アマゾン（二〇一六年八月）のＣＥＯたちである。

単なる表敬訪問ではなく、インドが推進する「デジタル・インディア」にいち早く戦略的に動き、インド戦略を加速している。世界のＩＴ業界を牽引する企業のトップはすでにインドのポテンシャルに気がついているのだ。

これらの企業は、インド市場でのビジネスとはまったく関係なく、バンガロールやハイデラバードに巨大な開発拠点を設置し、以前からグローバル戦略に活用していた。最近のグローバルなモバイル・シフト、クラウド・シフトが進む中、インドは、人材戦略、技術戦略、イノベーション戦略において重要性が増しているのだ。さらに、インド市場のビジネスも急拡大しているとなると当然の動きだ。

遅かれ早かれ、日本企業はインドにＧＩＣすなわち開発拠点の展開をする必要性に迫られることになる。それなら、一日でも早いほうがいい。人材を獲得するにしても、イノベーションを目指した研究開発をするにしても、後手に回って良いことは一つもない。投資コストはシリコンバレーに比べて数分の一である。

理想は、日本、シリコンバレー、バンガロールの三拠点をネットワークし、役割分担と連携を考えることだと思う。

加速するIT技術革新とグローバル・ティルト

二つの大きな世界的な潮流がある。

一つは、IT技術革新のスピードが加速していることである。今やIT技術の進化が社会、ビジネス、様々な科学技術分野へ与える影響は計り知れない。すべての企業はIT技術に関係なく生き残るのが難しくなっている。IoTも、ドイツ企業、アメリカ企業は、産業革命、破壊的イノベーションと捉えているが、日本企業は、新たな技術トレンドとして、様子見的な姿勢の企業も多い。日本では、「守りのIT」「攻めのIT」という表現があるが、まさに「守りのIT」に見える。

一方、インドは世界のIT技術革新の潮流と密に連動し、次々と新たな開発を請け負いながら、IT先進国へと進化を続けている。すでにIT技術において質、量ともに日本を抜いていると言ってもいい。

もう一つの大きな潮流として、経済やビジネスの中心が先進国から新興国へシフトしていることがある。日本に生活しているとあまり感じないかもしれない。インドで生活を始めると、当初は非日常だったインドの生活が徐々に日常になってくる。たまに日本に帰ってくると、改めて日本は素晴らしい国であるが、特殊な国であることを感じる。日本は清潔、快適、便利、安全。人々はおもてなし精神にあふれている。決して、インドが真似することも追いつくこともできない国であることに気がつく。この進化を続けていくと、さらに世界でも例のない国へと昇華していきそうだ。

しかし、日本の変化は見えにくい。一方、インドは様々な課題や問題に囲まれ、日々変化している。不衛生、不快、不便、危険な社会から、一気にすごい社会に変わっていきそうである。エネルギーやエキサイトメントに満ちている。まさに、高度成長時代だ。

名目GDPを見ると、日本は二〇一〇年に中国に抜かれて、アメリカ、中国に次いで第三位である。さらに二〇三〇年になると、インドにも抜かれると言われている。抜かれるほうは、生活が一気に悪くなるわけでもないので気がつきにくいが、世界の経済、ビジネスの中心から外れつつあるのは間違いない。

二〇一四年、ハーバード・ビジネススクールの元教授で、インド人経営コンサルタントのラム・チャラン氏（Ram Charan）が『Global Tilt（グローバル・ティルト）』（邦題：『これからの経営は「南」から学べ　新興国の爆発的成長が生んだ新常識』）という書籍を上梓《じようし》した。

タイトルが意味するのは、「世界の傾き」ということだ。つまり米、欧、日本から、中国、インド、ブラジル、インドネシア、マレーシアといった北緯三一度よりも南側の国々へと経済の勢いが移っているのだ。北緯三一度というと、中国だと上海の上あたりになる。

雇用、富、そして市場機会の重心が動いており、私たちの知る世界経済の秩序が激変しつつある。予測では、二〇二二年には世界の中間層の人数が貧困層を超え、二〇三〇年には世界人口の三分の二にあたる五〇億人が中間層になるとのことだ。すでに二〇一五年には、アジアの中間層がアメリカとヨーロッパの中間層を足した人数を超えるということが起きており、これは産業革命以来の大変革とのことだ。

「IT技術革新」と「グローバル・ティルト」の二つの潮流を見たときに、インドは、まさにそのど真ん中にいる。よくインドは中国の十年前だと言う人がいるが、インドは中国とはまったく異なる発展をすると思う。なぜなら、今までに例がない、最先端IT技術を持った新興国であるからである。そんな国はほかにない。もっと注目するべきだ。現状では、中国に比べても、日印間の人的、経済的な交流が極めて少ない状況にある。

ＩＴ分野での日印連携が進まない理由

欧米企業が、積極的にインドＩＴサービス企業を活用したり、自社開発拠点を設置し、規模拡大しているにもかかわらず、日本企業の動きは鈍い。ＩＴ技術開発の需要や、ＩＴ人材不足などを考えると、インドＩＴ業界との連携を真剣に検討すべきだと思うが、なかなか進まない。

インドＩＴ業界の輸出額は二〇〇〇年の約四〇億ドルから、二〇一七年には一一六〇億ドルの規模に成長している。約三〇倍にもなっているのである。インドＩＴ業界の急成長の背景には、世界のＩＴ需要の拡大、インドのＩＴ技術力の向上、コスト競争力などの理由がある。九〇％はアメリカ、ヨーロッパ向けで、日本向けは一％に満たない。欧米向けのビジネスが急拡大していることからも、アメリカ企業、ヨーロッパ企業とはうまくいっているのは明らかである。ＩＴ分野では、日本は欧米の動きを絶えず注目している割には、欧米とインドのつながりには関心がないように見える。

ＩＴ分野での日印連携が進まない理由を整理してみよう。

1. インドＩＴ業界への理解不足

その背景には、ＩＴ分野に限らず、日印の人的、経済的な交流が少ないことが挙げられる。基本的に日本とインドの相互理解が足りない。

海外に在留届を出している日本人は、外務省の資料によると二〇一六年で、中国には一二万八一一一人、タイには七万三三七人、シンガポールには三万七五〇四人いるのに対し、インドにはわずか九一四七人しかいないことが、それを如実に表している。国の人口比では圧倒的に少ない。人口が近い中国と比べて、一〇分の一以下である。

私がインド駐在中にお会いした日本人は、ほとんどが日本企業のインド・ビジネス関係で、販売、マーケティング、工場関係者の方が多く、海外慣れした文系出身の方だ。理系出身でインドＩＴ業界に日々接している日本人は少なく、日本まで最新のインドＩＴ業界の情報は届かない。

一部、日本からインドＩＴサービス企業にアウトソースした経験者がいても、あまりうまくいかなかったとの話を聞く。「コミュニケーションに問題があり、プロジェクトがうまくいかず、期待した成果が出なかった」「その結果、手間がかかってコストダウンにならなかった」などである。こういった問題もよく分析すると、日本側、すなわち発注者側に起因するケースが多いが、ほとんどがインド側の問題にされやすい。

いまだに、インドは低コストだけど品質がイマイチで、使いにくいオフショア先と考えているのであれば、間違いだ。そうであれば、欧米からの仕事が増えるわけがない。インドのIT業界はここ数年、劇的に変化しているが、日本では二〇〇〇年代初頭のメージを持っている人が多い。これは、インドIT業界に関する理解不足や誤ったイメージで、欧米は気がついているインドIT業界の技術力、ポテンシャルを日本は知らないということだ。もっとインドIT業界の変化に意識を向けてほしい。

2. 言葉の問題

確かに言葉の問題があるのは間違いない。英語でのコミュニケーションが苦手な日本人マネージャーやエンジニアが多いのは事実だ。しかし、ほとんどのマネージャーやエンジニアは、英語の読み書きはできるし、ある程度の英語でのコミュニケーション能力を持っている。実践経験がないだけの話だ。この問題は、努力すれば克服可能だと思う。

もともとITの最新技術は英語で書かれており、英語を避けてIT技術者として活躍するのは難しい。グローバルな競争で生き残るためにも、英語がうまい、へたではなく、道具として使いこなせることが最低限必要だ。インドのIT業界の会議、打ち合わせは、英語で行われる。インド人同士の会議でもだ。英語が苦手というエンジニアはいない。それだといい大学に入れないし、ましてIT業界に就職できない。もちろん、同郷出身者同士ではローカル言語で話すこともあるが、出身が異なるインド人がいれば、ヒンディー語ではなく英語で話すのが普通だ。

日本企業の英語の問題に対処するために、インドITサービス企業のほうでも、日本語ができるインド人エンジニアを育て、ブリッジエンジニアを用意するなど、解決する努力をしているが、それより、日本人をインド側に送り込んで一緒に仕事をさせたほうがいい。インドの開発現場で英語でのコミュニケーションを重ねることが、日本人エンジニアの成長にもつながる。

3. 日本流とグローバル・スタンダードの問題

しかし、一番の問題は、日本独特の仕事の進め方にあると思う。残念ながら日本はグローバル・スタンダードとは、かなりずれていると認識しなければならない。

インドは、IT先進国である欧米流の開発手法をすべて取り入れ、ある意味グローバル・スタンダードに近いと言ってもよい。

日本のIT開発では、内製化を好む。しかも作り込みと言って、個別開発をする。また、業務委託より、人材派遣を好む傾向がある。要件定義ができていなかったり、プロジェクトの進捗管理も日本独特だったりする。日本人同士で、頻繁に打ち合わせを行い、コンセンサスをとりながら詳細を決めていく。上流工程は社内でやり、下流工程のみを下請けとしてオフショアを活用し、しかもマイクロマネージメントだ。これだと、日本文化、日本人を理解していなければ、一緒に仕事をするのは難しい。

したがって、オフショア先としては文化的に近く、日本語で発注できる中国や東南アジアのベトナムが選ばれやすい。インドのように、アジアと言っても、文化的にも異なり、地理的にも遠く、ましてグローバル・スタンダードで英語となると避けてしまう。

日本流のＩＴ開発では、インドへのオフショアは難しい。グローバル・スタンダードを受け入れ、英語を使って開発できるようにするしかないと思う。そうしなければ、ＩＴ技術革新のスピードにはついていけない。日本側が自ら変わる意識と覚悟が必要だ。

ＧＩＣの設立・運営のポイント

改めて、日本企業として、中長期的かつ戦略的な投資として、インド、できればバンガロールにＧＩＣすなわち戦略的な開発拠点の設置を勧める。この拠点の役割として、純粋なＲ

&Dである研究開発だけではなく、社内システム開発、製品向けのソフトウェア開発、商品設計・エンジニアリング、新規技術開発などを含めることで、ある程度の規模を確保することも重要だ。

この戦略には、企業のトップ、研究開発部門、情報システム部門、人事部門の責任者を巻き込むことが必要だ。また、短期的なインドでのビジネスへの貢献とは切り離したほうがいい。間違いなく、将来のインドでのビジネスにおいて大きな貢献が期待できるが、まずは、日本本社の研究開発の一部として位置づけ、インド戦略ではなく、グローバル戦略と考えるのが望ましい。R&D戦略、ソフトウェア戦略、人材戦略、イノベーション戦略などの位置づけだ。

ゼロからGICを立ち上げるには、日本企業にとって大変なチャレンジだ。しかし、欧米企業が続々と進出している関係で、GICの立ち上げを支援する会社がいくつかある。とくに立ち上げ時の人材面やオフィスのデザインなどまで支援してくれる。最近、新設されるGICは驚くほど素晴らしいオフィスのデザインや内装になっていることが多い。優秀な人材を集めるためには重要なポイントになっている。

GICを立ち上げるもう一つの方法に、BOT（Build Operate Transfer）という方式がある。まず、インドITサービス企業内にオフショア拠点、ODC（Offshore Development

Center）を立ち上げてもらい、うまく機能するようであれば、自社拠点に切り替える方法である。この方式では、人材集め、組織づくりは、インドＩＴサービス企業に依頼でき、しかもその成果を確認後に自社拠点へ転換できるので、ある程度はリスクを低減できる。

会社として決断したとして、最初の課題は、誰にその拠点のマネージメントを託すかである。日本からマネージメント人材を送り込むか、信頼できるインド人マネージメントを採用することになる。日本企業には、海外の販売会社や製造工場で活躍できる人材はいても、ＧＩＣとなると意外に難しい。日本で開発組織をマネージメントしている人材がいたとしても、海外、ましてインドでマネージメントできる人材は少ない。欧米企業の場合、本社で活躍しているインド人材が多く、その中から人選して任せることが可能だ。その意味では、優秀なインド人材を本社採用して、将来に備えておくことも重要である。

どちらにしても、日本からマネージメントやエンジニアを送り込むことは必須だ。また、若手育成を考え、ポテンシャルのある技術系人材を送り込むことで、人材育成にも活用することができる。

さらに、インド人社員と日本人社員で対等に議論できるオープンな環境を構築するべきだ。必ずしも日本人社員が優秀だとは限らないが、この環境で活躍できるようであれば、将来は大いに期待できる。ＩｏＴ、ＡＩなどのＩＴ技術革新がスピードアップしている中、日本人が、日本人だけで、日本語で議論して、グローバルや新興国で通用する製品、サービスを創出するのは困難だ。

自社の技術や考え方の教育も重要だが、あまり日本流は持ち込まないことだ。英語で、グローバル・スタンダードの手法での開発を前提とするべきである。

組織を立ち上げて、強い組織を構築するのは、時間がかかる。しかし、ひとたびしっかりとした組織の拠点を作ることができれば、その拠点を中心に、インドＩＴサービス企業とパートナーシップを組むことや、インドのスタートアップと連携することで、イノベーションの加速につなげることもできる。

現状は、ここまで戦略的に考えている日本企業は少ない。アメリカに開発拠点を立ち上げるより、はるかに投資は少なく、将来への戦略性は高いのに、だ。

現在の自社技術と最新ＩＴ技術を融合した、グローバルや新興国向けの新製品、新サービスの開発を通じ、新規事業やイノベーションを創出できる可能性は十分にある。

次に、インドでＧＩＣを運営するにあたり、いくつかの重要なポイントをご紹介しよう。

ひと言でいえば、いかに優秀な人材を獲得し、育て、動機づけをし、高い成果を出せるかということに尽きる。その意味では、以下のような戦略が必要だ。

1．人材採用と教育・研修

経験者採用では、人材紹介会社、リンクトイン（LinkedIn）などのソーシャルメディア、求人サイトの活用など様々な方法があるが、社員による紹介制度を会社に導入することが意外に効率的で、いい人材を集めやすい。

また、継続的に組織の成長を支えるために新卒採用が重要だと考える。そのためにも、インドの多くの大学とのチャネルの構築と採用実績を重ねることだ。そうすることで、大学からも優先的にキャンパス訪問日時をオファーしてもらえるようになるし、先輩たちを通じて後輩が入社しやすくなる。できれば、インド各地から人材を集めて、より多様性のある組織にするほうが望ましいと思う。

女性のＩＴ技術者もたくさん活躍しており、コミュニケーション能力も高く、定着率もいいと思う。これは、インドはまだまだ男性社会であるため、逆に女性が頑張ってＩＴ業界を目指していることが背景にあるかもしれない。

新卒の採用時には、給与条件以外にも、社内の研修制度の充実が企業の魅力となるので、新人研修、技術研修などの充実が重要である。日本企業として、日本への短期の派遣や赴任制度は日本理解のためにも極めて有効だ。日本語教育は、日本理解の一環としておすすめであるが、ＩＴ分野では日本語が使えることを前提として仕事をさせるのは現実的ではない。

2. 業務内容とキャリアパス

日本の会社は、変化してきたとはいえ、まだまだ終身雇用を前提に、会社内で様々な業務を経験してキャリアを積む。したがって、会社の知名度や魅力が重要となる。

一方、インドでは、終身雇用の考え方はなく、より業務内容が重要だ。とくに転職するときには、どんな業務を何年間経験したかで給料や処遇が決まる。ＧＩＣとして優秀な人材を採用するには、魅力的な研究開発、最先端分野、チャレンジングな仕事のほうが望ましい。テスト、サポートのような仕事は、離職率が高くなる傾向がある。そういった分野は、規模の大きいインドＩＴサービス企業へ業務委託することが選択肢となる。

インドの会社では、継続的な規模拡大をしていることもあり、より大きな組織のマネージメントを志向する傾向がある。専門性の高い人材を育成するためには、マネージメントのキャリアパスと、技術の専門性のキャリアパスを分けて処遇することが必要だ。

3. 離職率のマネージメント

インドIT業界では、世界的に好景気なときは成長が加速され、各社が積極的な採用をするために、離職率が高くなる。景気が悪くなると、各社、先行きが不透明で採用を控えるために、離職率が低くなる傾向がある。

一方、物価上昇もあり、給料も平均でも毎年一〇％近く昇給することになる。業界の昇給率を見ながら自社の昇給率を戦略的に決める必要がある。二〇〇八年九月にリーマンショックが起こり、しばらく離職率はかなり低くなったが、二〇一〇年になると各社が一気に採用を加速した。その結果、各社とも離職率が高くなった。

離職が多くなり、その穴埋めに人材を採用しようとすると、同じ給料では採用できない。結局、一〇～二〇％増しの給料で採用することになる。そうなると、職場内で不公平が生じることになるため、年に一度の給料改定時に不公平を調整することになる。結構、悩ましい作業だ。

また、インドIT業界ではパフォーマンスの低い人材には、業績改善プログラム（Performance Improvement Program）で会社を辞めてもらうことも多い。とくに欧米企業は採用している。ただ、インドIT業界では求人が多いため、パフォーマンスが低くて退職させられた人でも、転職すると給料が一〇～二〇％上がることもあり、結果、会社も本人もハッピーになったりする。高度成長時代ならではだ。日本以上に、社員のモチベーションを上げるために、報奨制度や研修旅行などが有効な手段だ。

日本企業としては、自社の技術的な魅力を積極的にアピールしたり、長期的な雇用を前提にキャリアパスを用意して成長するための環境を提供したり、解雇には慎重な姿勢を示したりすることが差別化要因となる。

インドIT人材の獲得戦略

次に、インドIT人材を獲得するための戦略を紹介する。

1．インドIT人材採用に関して

日本では、大学で理系を目指す若者は減る傾向にあり、しかも卒業後の就職先としてIT業界はあまり魅力的とは考えられていない。SE（システム・エンジニア）だと3K（きつい・帰れない・給料が安い）と考えられている。

一方、インドでは、エンジニアリング系の大学へ入学するために熾烈な競争をし、しかもコンピュータ・サイエンス学部が最も人気だ。卒業後はIT業界を目指す。したがって、トップ人材はＩＴ分野に集まる構造だ。

卒業後、超トップ人材はグローバルＩＴ企業に本社採用されてアメリカに渡る。この人数は限られている。その次は、グローバルＩＴ企業のインド開発拠点に就職する。仕事もグローバルな研究開発であり、しかも給料が高い。インドのＩＴ業界の給料は他業種に比べて高いが、それでも、インドＩＴサービス企業だと、高くても初任給では年収で一〇〇万円には届かない。しかし、マイクロソフト、グーグルなどのグローバルＩＴ企業の研究開発分野であれば、年収は二〇〇万円を超える。これはインドの物価を考えると極めて高い。

もし、日本企業がインドに開発拠点を設置して、魅力的な研究開発の仕事と日本の新卒並みの初任給を出せば、インドでトップクラスの人材を獲得できる可能性は高い。しかも全員、英語の問題はなく、世界で活躍できるポテンシャルを持っている。

2. インドＩＴ人材の日本本社採用の三つのチャレンジ

最近、日本企業でインドの高度ＩＴ人材を獲得する動きも出ているが、そう簡単ではない。日本の本社採用で日本の新卒と同じ給料だと、トップ人材にはあまり魅力的には映らない。アメリカＩＴ企業の場合は、アメリカ本社採用で年収一〇〇〇万円以上を出すことが多く、日本の給料が低く見えてしまう。

企業として知名度や特別な魅力があればいいのだが、日本企業は一部の企業を除きインドでは知られていない。したがって、日本本社で採用する場合は、積極的に自社の魅力をアピールする必要がある。事前にインターンシップ制度で職場に二カ月でも受け入れておくと効果的だ。インドの学生は日本をほとんど知らないが、一度でも日本を訪問すると大変に気に入る可能性が高い。インドでは考えられない、驚くべき日本社会を実感してくれる。また、職場の状況を理解することもできるし、受け入れる職場側でインド人材を理解できることで、入社後のトラブルを防げる。

日本採用で、問題になるのは日本語だ。日本企業は日本で採用するにあたり、当然、日本語を習得してほしいと考える。東南アジアの国であれば、日本語を習得して日本で働きたい若者は多い。しかし、インドの場合は、日本語を前提にすると優秀な人材は採用できない。採用後に日本語教育をすればいいと思う。インド人の多くは、ヒンディー語、英語、住んでいる州の言葉の三言語を使いこなせる。もともと言語に対する習得力は極めて高い。日本語も読み書きは大変でも会話は意外と早くできるようになる。ただ、職場では英語で仕事ができるような環境づくりが必要だ。

もう一つの問題は、食事などの生活面のことだ。とくにインド人はベジタリアンが多く、日本では食べ物に苦労する。旅行ならばインド・レストランに行けばなんとかなるが、生活するとなると意外と大変だ。また病気になったときに病院で英語が通じなくて困ることもあるようだ。アメリカでは、言葉の問題もなく、インド人医師も多く、困ることはない。

しかし、一番の問題は、なんといっても日本企業内でのキャリアパスである。まだまだ外国人、とくにインド人がマネージメントのポジションに就いているケースは少ない。アメリカでは、マイクロソフト、グーグルをはじめ、IT企業のトップにまで上り詰めているし、多くのIT企業の役員にも多数登用されている。日本企業も、インド人材に限らず、もっと積極的に優秀な外国人材を受け入れ、多様な人材を活用できる環境整備は不可欠である。まさに、日本企業が自ら変わる意識がなければ、優秀なインドIT人材は獲得できない。

3. 採用大学や学部に関して

日本企業で、インドの大学から新卒を採用する場合、インドでトップの大学と言われているIITを狙いがちだ。その中でもデリー、ムンバイ、チェンナイなど、大都市のIIT伝統校からの採用を考える。当然、獲得は想像以上に大変だ。とくにコンピュータ・サイエンス専攻は極めて難しい。全般に、トップの大学ほど入社後の離職率は高くなる。これは日本企業での採用に限らないが、いろいろなIITのネットワークを通じて、より魅力的な仕事への転職、海外留学、もしくは自らの起業を理由に辞めるケースも多い。

インドにはＩＩＴ伝統校以外にも、近年設立されたＩＩＴ新設校や、各地にＮＩＴ（国立工科大学：National Institutes of Technology）やＩＩＩＴ（インド情報技術大学：International Institute of Information Technology もしくは Indian Institute of Information Technology）、さらに私立大学など多数のレベルの高い大学がある。ＩＩＴ伝統校などの「Tier 1」と言われる大学以外に、「Tier 2」「Tier 3」と言われる五〇校以上の大学にも優秀な人材がたくさんいる。

しかも、そのほうが採用後に定着率が高い傾向がある。とくに天才的な頭脳を狙うのであれば、ＩＩＴ伝統校のトップ人材を破格の条件で狙うのは一つの方法だ。ただ、多くの日本企業のように、チームワークで仕事をするような場合は、「Tier 2」「Tier 3」の大学のトップクラス人材の中から、個人主義的ではない、コミュニケーション能力が高い人材を獲得することをおすすめする。

また、コンピュータ・サイエンス専攻以外にも、教育次第でＩＴ分野で活躍ができる人材も多数いる。日本では理工系では学部卒業より大学院卒業が多くなっているが、インドでは、優秀な学生は学部卒業後に就職や留学する傾向が高い。したがって学部卒が狙い目だ。

ものづくりに強い日本の会社であれば、もっと積極的に技術的な先進性をアピールする必要がある。ＩＴというより、電気設計、機械設計など、広くエンジニアリング分野で活躍できるのであれば、いい人材を獲得しやすい。もっとインドの大学事情に関する情報を収集、理解して、戦略的なアプローチが重要だ。

インドITサービス企業とのパートナー戦略

インドITサービス企業の強みは、世界中のあらゆる業種に多くの顧客を持つことである。したがって世界の業界トレンドやニーズをよく理解している。

また、IT技術を牽引するグローバルIT企業の製品、プラットフォーム、サービスなどにも様々な形で関わっている。開発であったり、テストであったり、運用、サポートであったりと多岐にわたる。したがって、製品、プラットフォーム、サービスが世界でリリースされる前に、最新の技術を把握している。日本企業は一般にリリースされて初めて知るわけであるが、インドITサービス企業はリリース前からそれらIT製品を熟知しているケースも多い。

世界のITトレンドを牽引する欧米企業は、バンガロールに自社の開発拠点を持っているが、様々な分野で周りのインドITサービス企業と連携している。グローバルIT企業の製品そのものが、インドITサービス企業に任されているケースもあるほどだ。欧米企業のインドITサービス企業に対する信頼は極めて高い。

インドに自社開発拠点を立ち上げるには、それなりに会社としてのコミットメント、投資、またそのために人材も必要となるので一気には進まない。実際に自社開発拠点を設置したとしても、インドITサービス企業との連携は重要な戦略となる。とくに、開発要件が急増したときに、インドITサービス企業に支援を依頼することや、自社にとって得意ではない分野や新規分野で連携することもできる。

インドITサービス企業は、単なる低価格なオフショア先と考えるのではなく、戦略的なパートナーと考え、彼らのグローバルな業界知識、IT技術力、ソリューション構築力をもっと戦略的に活用することが重要である。

たとえば、AI、IoT、ブロックチェーンなど破壊的と言われる技術が登場すると、日本企業では社内で検討チームを立ち上げ、調査を開始する。技術やトレンドはある程度は理解できるが、確固たるビジネスプランは作れない。なぜなら、技術そのものが急速に変化し、進化しているからだ。

最近の技術は、日本発のものではなく、グローバルな動きであり、世界的なIT企業や組織が関係し、技術そのものは大規模なオープンソースで提供され、日々、進化しているのだ。考えているだけでは何もわからないし、アイデアもわかない。ある仮定のもとに、プロトタイプを作り、試行錯誤をするしかない。ある意味、トライ・アンド・エラーのアプローチだ。

ただ、残念ながら、日本企業のトップは技術をあまり理解できないことが多い。しかもビジネスモデルが見えない技術には優秀な人材が配置されないし、そもそんな人材は社内にはいない。したがって、結局は様子見になってしまう。技術変化が激しい時代に、今まで成功してきた日本企業が抱える大きな問題だ。

そんなときには、インドITサービス企業を訪問することをおすすめする。私自身、数多くのインドITサービス企業を訪問したが、訪問するたびに業界の動きを熟知し、しかもグローバルIT企業の製品開発にインドITサービス企業が深く関わっていたことを知らされ驚かされる。日本企業にとって競争相手のグローバル企業からも業務委託を受けていることが多い。想像以上の内容と規模だ。最新技術でのPOC（Proof of Concept）をサービスとして提供してくれるようになっているほどだ。

また、現在、インドでは「スマートシティ」をインド全体に一〇〇カ所に立ち上げるプロジェクトが進行中だ。日本企業にも大きなビジネスチャンスではあるが、なかなか参入は厳しい。とくに日本企業が得意な技術、製品は、日本などの先進国を意識して設計、商品化されており、インド市場のニーズには合わない。インド向けの最適化をしなければビジネスには参入できない。まさにリバース・イノベーションが必要である。そんなとき、インドＩＴサービス企業に既存製品をインド向けに再設計依頼することも可能だ。日本で、日本人が再設計するより、コストも安く、スピードも速い。

近い将来のＩｏＴ時代に向けて、日本企業はもっと積極的な働きかけを行うべきだと思う。様々な試行錯誤をしながら、自社の製品やデバイスをネットワークやクラウドを前提に、再構築することが必要だ。さらには、クラウド上のＡＩなどの技術も戦略に入れなければならない。今まで得意であった技術と異なる技術との融合が必要となっているが、必要な人材がいないのは明らかだ。

インドＩＴサービス企業は、世界のＩＴ技術、業界トレンドを完全に把握している。日本企業とインドＩＴサービス企業が、戦略的なパートナーシップを組み、世界的なグローバル・ソリューションを構築できる可能性は高い。

インドＩＴサービス企業は積極的に日本企業にアプローチはしているが、日本企業側の理解不足でなかなかパートナー戦略が構築できていない。もっと日本企業側の危機意識と、積極的なアプローチが必要だ。インドＩＴサービス企業が持つ世界の企業とのネットワーク力、売り込む力は、日本企業にとってビジネス拡大につながる可能性もある。

日本企業とインド・スタートアップ連携

インドのスタートアップが急増しており、続々とユニコーン企業も登場している。予備軍もたくさんいる。日本企業にとっても、様々な連携の可能性がある。

1. 投資戦略

将来のリターンを求めて投資するのも一つの方法である。ソフトバンク以外の日本のVCも増えてはいるが、まだまだ数は少ない。企業のVCである、コーポレート・ベンチャーキャピタル（CVC）がもっと積極的に将来のインド・ビジネスでのシナジーを求めて投資するも一つの方法だ。

今までは、アメリカ発のIT企業が、日本やインドでビジネス展開して成功するケースも多かったが、今後は、とくにインドでは難しくなるだろう。なぜなら、アメリカで成功し始めると、インドの多数のスタートアップが同様なサービスを開始する可能性が高いからだ。実際、アマゾンやウーバーのビジネスモデルを参考に後発で始めたインドのフリップカートやオーラが健闘していて、グローバル・プレイヤーといえども、簡単には勝てないのだ。

投資に関しては、アメリカのシリコンバレーのスタートアップに比べて、はるかに少額でも投資が可能だ。アーリー・ステージであれば数百万円でも十分だ。欧米のVCやCVCはすでにインドに拠点を構えて積極的に活動している。未来のグーグル、フェイスブック、アマゾンはインドから生まれる可能性もある。問題は、増え続けるスタートアップをどう選別（スクリーニング）するかだ。現地でネットワークを構築し、情報収集が不可欠だ。

2. 日本市場展開での提携

インドのスタートアップの多くは、グローバル市場をターゲットにしている。ここで言うグローバル市場は、主に欧米を指す。残念ながら、日本市場は含まれていない。欧米に関してはいろいろな情報もあり、人的なつながりがあり展開しやすい。一方、日本に関しては英語の情報も少なく、展開しにくい。インドのスタートアップにとって、日本市場へのアプローチは難しいのだ。多くは、欧米市場で成功後に参入することになる。

日本市場はB2Cのインドのスタートアップには参入は簡単ではないが、B2Bのスタートアップは日本市場で成功する可能性が十分ある。その際、インドのスタートアップにとっては日本企業とのパートナーシップを組むことが有効な戦略となる。

3. 日印のスタートアップ同士の協業

もし、日本とインドで同じスマートフォンやクラウドを活用したアイデアを思いつき、起業したとする。インドは開発コスト、開発スピード、運用コスト、インド市場、さらには欧米市場へのアプローチで強みを持つ。日本のスタートアップはユーザー・エクスペリエンス開発と日本市場へのアプローチが強みとなる。

日本のスタートアップとインドのスタートアップが、同じ目標を持ち、連携すれば、開発面、ビジネス面で様々なシナジーの可能性がある。日本のスタートアップは日本人を意識した洗練されたユーザー・エクスペリエンスの開発は得意だが、成長期に開発人員を急増させるのが難しい。また、そのビジネスは日本国内に限られる。一方、インドのスタートアップは、成長し始めると一気に開発人員を増やせる。インド市場へはもちろんのこと、欧米市場へのアプローチはインドのほうが圧倒的に早い。

4. 日本企業のオープンイノベーション戦略、プラットフォーム戦略として

日本企業では、新規事業やイノベーションのために社内チームを発足して検討をしても、なかなか社内から画期的なアイデアは出てこない。そこでインドのスタートアップを活用するのも有効だ。インドでアクセラレーターの拠点を設置し、自社ビジネスに関係するスター

トアップを厳選して、成長を支援することで、社内からは出てこないアイデアを見つけることができる。

また、自社のプラットフォーム戦略の推進のためには、プラットフォームの情報や開発環境を積極的に公開し、開発者を増やすことが重要となる。インドでハッカソンなど開発者コンファレンスを開催したり、開発支援組織を立ち上げたりして、インドの開発者を積極的に巻き込んでいくことが必要だ。アマゾン、マイクロソフト、グーグル、オラクル、アップルなど世界的なプラットフォーマーは、すでにインドの開発者を巻き込む戦略を実行している。今後はＩｏＴ分野でも、こうした戦略がますます重要となってくると思われる。

日本とインドで世界的イノベーションを創出する

ＩＴ技術は、社内システムや、製品に組み込まれるソフトウェア開発で使われる技術を指すことが多かった。しかし、今やすべての企業にとって、いかにＩＴ技術を活用し、いかにデジタル・トランスフォーメーションを遂げるかが、企業の生き残りを左右するほどその重要性が増している。どのように戦略的にＩＴ技術を取り込めるのかの勝負になりつつある。

インドのＩＴ業界は、ＩＴ先進国であるアメリカとの人的な交流やビジネスを通じて大きな発展を遂げてきた。アメリカのＩＴ企業はインドとの連携で、コスト、スピード、スケールなどのメリットを享受し、世界をリードするＩＴ企業として成長してきた。まったくインドを活用していないＩＴ企業を探すほうが難しいほどだ。

一方、日本企業はほとんどインドＩＴ業界を活用できていない。また、成長が鈍化している日本企業も多く、アメリカのＩＴ企業の時価総額に比較しても圧倒的な差をつけられている。

ＩｏＴ時代を迎え、日本とインドとの連携では大きな可能性が生まれている。日本はものづくりにおいて、まだ圧倒的な強みを持っている。一方で、必要とされるＩＴ人材の不足が大きな問題だ。また、社会インフラが進んでいるが故に、あまりにも特殊で、日本向けの商品やサービスでは世界展開が難しくなりつつある。それはＩｏＴでさらに加速される。

他方、インドは、すでにＩＴ先進国であるアメリカとの連携で、最先端のＩＴ技術を獲得し、豊富な人材が生まれている。また、巨大なインド市場がある。

これまで、日本企業のインドＩＴ業界との連携と言っても、コストダウンを目的とした小規模なオフショア程度であった。残念ながらこのモデルはあまり大きな成果を生まなかったようだ。企業にとってコストダウンが重要であることは間違いないが、コストダウンだけで生き残れる企業は少ない。延命はできるかもしれないが。今は、どの企業もIT技術を中心に置き、イノベーションを起こすことが必要だ。そのためにも、戦略的なインドとの連携が大きな可能性を秘めている。

インドITサービス企業とパートナーシップを組み、インド市場やグローバル市場に向けたソリューションを開発する。インドのスタートアップを活用してオープンイノベーションを狙う。インドに自社拠点を設置し、インドのトップ人材を採用し、自社技術と最新IT技術を融合した新製品、サービスを生み出すなど、可能性は様々である。

日本とインドは様々な意味で、真逆な関係でもある。日本人はインドに驚く、インド人は日本に驚く。お互いに、日常や常識がまったく違うのである。異質なのである。

もっとお互いを刺激し、大きな化学反応を起こすことが重要だ。それが、大きなイノベーションにつながる。そのためには、もっと近づくことだ。離れていては何も起こらない。すでに化学反応の条件は整っている。

ただ、最初に化学反応が起こる現場は、日本ではなく、インドだ。なぜならインドのほうが圧倒的なスピードで変化しているからだ。

インドは「IT技術革新」と「グローバル・ティルト」の中心だ。日本からインドに持ち込むのは、日本などの先進国向けに出来上がった商品、サービスではない。日本の技術、経験や知識を持ちながらも改革意欲のある日本のトップ人材だ。彼らと優秀なインド人材とでチームを作り、現地で新たなものを生み出す覚悟が必要である。

IoT、AI、ブロックチェーンなどのIT技術革新は、これまでとはまったく異なる製品、サービス、ビジネスモデルを生み出すチャンスではあるが、様々な既存ビジネスを破壊する可能性も大きい。

そこで生き残っていくためには、日本、日本企業側の積極的な思い切った動きが必要だ。待っていては何も起こらない。逆に取り残されてしまう。日印の連携で、世界的なイノベーションを創出するチャンスが来ていると思う。

おわりに

二〇一六年十一月八日、アメリカ大統領選挙が行われた日、イギリスのメイ首相はバンガロールを訪問していた。EU離脱決定後に就任したメイ首相は、EU以外の初めての外遊でインドを訪問した。首都であるデリーでの首脳会談後、フライトで二時間半かかるバンガロールを訪問し、起業家たちと会談をしていた。また、同日、モディ首相は、突然に高額紙幣の廃止を宣言した。インドのフィンテック革命が始まろうとしていた。

トランプ大統領の誕生は世界から注目されたが、インドIT業界は将来への不安を持ちながら注視している。二〇〇九年にオバマ大統領が誕生したときも、「オフショアは、バンガロールではなくバッファローへ」という発言が報道されたのが思い出される。しかし、その政策で困るのは、アメリカのIT企業自身であった。リーマンショックの直後であったが、アメリカ企業のインドへのオフショアは、継続的に拡大していったのである。

その後もアメリカのIT企業の世界的なリストラが発表されるたびに、インド拠点もインパクトは受けるものの、IT人件費がアメリカの数分の一であるインド拠点のインパクトは軽微に済み、人数比で、インド人員の比率がますます高まる傾向が進んだ。世界はハードウエアからソフトウェア、サービス、さらにはデータへ付加価値のシフトが進んでおり、その流れは止まることはなく、それを支えるインドＩＴ業界は世界経済の景気の波を乗り越え、着実に拡大を継続してきた。

トランプ政権の保護主義的な政策によって、「H-1B」ビザ（高度な専門技能を持つ外国人向けのビザ）の発行制限などインドＩＴ業界は大きなインパクトを受ける可能性がある。もしそうなれば、アメリカ在留のＩＴ系インド人材のインドへの帰国が加速され、逆にインドのレベルアップやイノベーションを加速させる可能性がある。

一方、トランプ政権がインド系アメリカ人を次々に要職に指名したのも興味深い。国連大使のニッキー・ヘイリー氏（Nikki Haley）、保健福祉省メディケア・メディケイド・サービスセンター長のシーマ・バルマ氏（Seema Verma）、連邦通信委員会（ＦＣＣ）委員長のアジット・パイ氏（Ajit Pai）など。彼らは両親がアメリカに移民して、アメリカで生まれ育ったインド系アメリカ人たちである。

また、トランプ大統領がモディ首相に電話で、「インドは、真の友人でパートナーだ」と話したこともインドでは大きく報道された。戦略的な関係強化を図る姿勢が見られ、アメリカとインドの関係からも目が離せない。

二〇一六年のアメリカ大統領戦でのソーシャルメディアなどのIT技術の影響は計り知れない。あるインド企業が開発したAIシステム「MogIA」は、ソーシャルメディアを分析することで、トランプ氏勝利を予測、的中させたことも話題になった。


インドIT業界にとって一番の脅威は、トランプ政権ではなく、AIをはじめとするIT技術革新のスピードかもしれない。AIの進化により、インドへのオフショア市場は劇的に縮小する可能性がある。すでに、インドITサービス企業のトップは警鐘を鳴らし、積極的にAIを自社戦略へ取り込み、新たなチャンスに変えようとしている。

日本企業もうかうかしていられない。IT技術の進化はますます加速しており、その発信源はアメリカであるのは間違いない。そのアメリカとインドIT業界のつながりは想像以上に強く、深い。

IT技術がすべての企業、組織にとって最重要戦略となりつつある。ものづくりに強い日本企業がIT技術を積極的に融合し、IoT時代に新たなイノベーションを起こすことが必要だ。そのためにも、インドIT業界との連携は有効な戦略になると考える。あまりほかの選択肢はないのかもしれない。

確かに、多くのネガティブな面もあるのは否定できないが、それらを吹き飛ばすようなポジティブな面もたくさん持ち合わせるのが、インドである。

たとえば、水洗トイレは普及していないのに携帯電話が普及していたり、すぐに停電するのに目の虹彩で約一二億人の住民を判別するシステムを導入していたり、と日本での常識をくつがえされるようなことと、日々出合うことができる。こうした刺激はインドだけでしか得られないものだ。私自身、インドに赴任する前と後では、インドに対する印象が随分と変わったものだ。

もしバンガロールを訪れたことがなければ、まずは、一度訪れてみてほしい。きっと、ステレオタイプの枠に収まり切れない、多様なインドを目の当たりにするはずだ。その第一歩が、インドに対する先入観を変え、ひいては、バンガロールを活用して、事業を飛躍的に伸ばすきっかけとなるはずである。

バンガロールを中心としてインドＩＴ業界と日本の企業がもっと密に連携し、互いに得意な部分を出し合ってシナジーを発揮すれば、どの国の企業との組み合わせでも生み出せない、世界的なイノベーションが生まれる可能性は大きい。

●NASSCOMについて

NASSCOM（The National Association of Software and Services Companies）は、インドで1988年に設立された非営利のIT業界団体。インドのIT産業の持続的な成長を牽引することを目的としている。

各種レポートの出版やイベント、セミナーの開催を通じて、ベストプラクティス共有や、世界各国の政府・企業とのパートナーシップ推進、および国内IT産業のインキュベーションなどに取り組んでいる。

また、インド政府との対話を通じて、IT政策提言・立案にも携わっている。現在、2,200社以上の企業がNASSCOMの会員企業として参加しており、参加企業にはインドITサービス企業やグローバル企業のGIC（Global In-house Center）などが含まれている。

インド国内で開催されるNASSCOM最大のイベントとしては、毎年2月に開催されるNASSCOM India Leadership Forum (NILF) がある。また、GIC、エンジニアリング、BPM（Business Process Management）などにフォーカスしたイベントも毎年開催されている。

スタートアップに関連するイベントとして、NASSCOM Product Conclaveが毎年11月にバンガロールで開催され、インド最大のスタートアップのイベントとして注目を集めており、日本を含めて海外からの参加者も多くなっている。

2017年2月、日本の産学官で推進するIoT推進コンソーシアム（ITAC：IoT Acceleration Consortium）とNASSCOMは、IoT分野での協力に関わる覚書を締結した。IoT、AI時代に向け、ハードウェアなどのものづくりに強い日本と、ソフトウェアに強いインドとの間で、情報交換や相互交流を通じて連携の拡大が期待されている。

NASSCOMのホームページ
http://www.nasscom.in

参考文献

● "The IT-BPM Sector in India：Strategic Review 2016"
NASSCOM

● "Indian Start-up Ecosystem Maturing-Edition 2016"
NASSCOM

●『リバース・イノベーション　新興国の名もない企業が世界市場を支配するとき』
ビジャイ・ゴビンダラジャン、クリス・トリンブル著／渡部典子訳
ダイヤモンド社、2012年

●『これからの経営は「南」から学べ　新興国の爆発的成長が生んだ新常識』
ラム・チャラン著／上原裕美子訳
日本経済新聞出版社、2014年

● "Conquering the Chaos：Win in India, Win Everywhere"
Ravi Venkatesan
Harvard Business School Publishing (2013)

● "The Technological Indian"
Ross Bassett
Harvard University Press (2016)

● "Imagining India：Ideas for the New Century"
Nandan Nilekani
Penguin India (2008)

● "Rebooting India：Realizing a Billion Aspirations"
Nandan Nilekani, Viral Shah
Penguin Books India (2015)

●『スティーブ・ジョブズ Ⅰ、Ⅱ』
ウォルター・アイザックソン著／井口耕二訳
講談社、2011年

●『イノベーションは新興国に学べ！――カネをかけず、シンプルであるほど増大する破壊力』
ナヴィ・ラジュ、ジャイディープ・プラブ、シモーヌ・アフージャ著／月沢李歌子訳
日本経済新聞出版社、2013年

参考資料

- 世界のユニコーン企業のリスト
  The Global Unicorn Club (CB INSIGHTS)
  https://www.cbinsights.com/research-unicorn-companies
- ユニコーン企業創業者の卒業大学ランキング
  Unicorn League (Sage)
  https://www.sage.com/en-gb/c/v/unicorn-league/
- アメリカの大学への留学生データ
  Open Doors, IIE (Institute of International Education, Inc.)
  https://www.iie.org/opendoors

〈著者略歴〉

武鑓行雄（たけやり・ゆきお）

元ソニー・インディア・ソフトウェア・センター社長。ソニー株式会社入社後、NEWSワークステーション、VAIO、ネットワークサービス、コンシューマーエレクトロニクス機器などのソフトウェア開発、設計、マネジメントに従事。途中、マサチューセッツ工科大学に「ソフトウェア・アーキテクチャ」をテーマに1年間の企業留学。2008年10月、インド・バンガロールのソニー・インディア・ソフトウェア・センターに責任者として着任。約7年にわたる駐在後、2015年末に帰国し、ソニーを退社。帰国後も、インドIT業界団体であるNASSCOM（National Association of Software and Services Companies）の日本委員会（Japan Council）の委員長（Chair）として、インドIT業界と日本企業の連携を推進する活動を継続している。

慶應義塾大学工学部電気工学科卒業、および大学院工学研究科修士課程修了。

2011年6月から2013年5月までバンガロール日本人会会長を務める。

2014年1月、電子書籍『激変するインドIT業界 バンガロールにいれば世界の動きがよく見える』（カドカワ・ミニッツブック）を出版。

email：yukio.takeyari@gmail.com

装丁――――竹内雄二

編集協力――杉山直隆

図版作成――桜井勝志

インド・シフト

世界のトップ企業はなぜ、「バンガロール」に拠点を置くのか？

2018年3月6日　第1版第1刷発行

著者	武鑓行雄
発行者	後藤淳一
発行所	株式会社PHP研究所
東京本部　〒135-8137	江東区豊洲5-6-52
第二制作部ビジネス課	☎03-3520-9619（編集）
普及部	☎03-3520-9630（販売）
京都本部　〒601-8411	京都市南区西九条北ノ内町11
PHP INTERFACE	https://www.php.co.jp/
組版	有限会社エヴリ・シンク
印刷所	大日本印刷株式会社
製本所	東京美術紙工協業組合

ISBN978-4-569-83149-7

PHPビジネス新書

「老後不安不況」を吹き飛ばせ！

「失われた25年」の正体と具体的処方箋

大前研一 著

国民の「老後・将来不安」こそが日本経済長期低迷の根本原因だ！　それを解消するための具体的方策を大前流21世紀型心理経済学に基づき提言。

定価　本体八五〇円（税別）

PHPビジネス新書

入門 ビットコインとブロックチェーン

野口悠紀雄 著

ビットコインの基幹技術に留まらず、世界を変える力を持つというブロックチェーン。その仕組みを著名な著者がQ&A形式で明快に解説!

定価 本体八九〇円(税別)

PHPビジネス新書

アマゾンが描く2022年の世界

すべての業界を震撼させる「ベゾスの大戦略」

田中道昭 著

流通・小売りの巨人と呼ばれるアマゾンは、ビッグデータ時代にどこへ向かうのか。ジェフ・ベゾスの類い稀なる戦術・思想を読み解く。

定価 本体九一〇円（税別）